教師の社会性

「世間知らず」と言われないために

池畠彰之

ikehata akiyuki

新評論

まえがき

「最近、社会性のない人が多くなった」という話をよく耳にします。「社会性」とは、いったい何を指している言葉なのでしょうか。一般教養のなさなのか、他人と接するときの姿勢や言葉遣いのことなのか、たぶん、これらすべてが含まれているのでしょう。本書では、人と話す場面を中心に、教師という仕事におけるさまざまな場面を紹介しながら「教師の社会性」について述べていくことにします。

ところで、人と話すとき、みなさんはどのような話題で話すことが多いですか。趣味の話、世間話、仕事の話、ご機嫌をうかがうときの挨拶などが考えられますが、これらすべて話し方が違います。本書で述べる学校という世界には、言うまでもなく教師がいます。この人たちは、いったいどのような人と話すことになるのでしょうか。

同僚と話す、校長や教頭といった上司と話す、保護者と話す、運動会や卒業式でお世話になるＰＴＡの役員や業者の人（カメラマンなど）と話す、そして、言うまでもなく、子どもたちと話すことになります。これらの人たちと、教師は常に会話をしているわけです。

実は、この「話す」という場面が結構厄介なのです。当たり前のことですが、台本はありません。教育関係の実用書などには、ある場面を想定して「○○○のように話しなさい」と書かれていますが、それが役に立たないことは教師のみなさんであれば十分お分かりでしょう。

とくに、初任者や二～三年目の教師であれば、個人面談や懇談会の前、「何を話せばいいのか」が分からなくて、話し方の本を探しに書店に駆け込んだという経験があるのではないでしょうか。何といっても、つい先日まで、何かにつけて「尋ねる」とか「相談する」立場であった人が、教師になった途端、逆の立場になったわけですが、このような場面を想定した訓練を受けたという人はほとんどいないでしょう。つまり、TPO（Time［時間］、Place［場所］、Occasion［場面］）について、まったくと言っていいほど教えてもらっていないということです。

教師によっては本などを読んで勉強する人もいるでしょうが、お分かりのように、本だけではすべての場面に対応できませんし、そもそもリアリティーがありません。仮に、本に書かれてあるように話してしまうと、台本を「棒読み」したような感じになるでしょう。そんな話し方であれば、「この教師、大丈夫なのか？」といった疑念を相手の人がもってしまうはずです。

では、何を、どのように話せばいいのでしょうか。本書では、現実にあったさまざまな場面における私の失敗談や対処法などを書いていくわけですが、読者のみなさんに一つふまえていただきたいことがあります。何かというと、「そういえば、知らないことが多い」という自覚をもって読んでほしいということです。「知っているつもり」ほど成長を妨げるものはありません。

話す内容というのは、当然、相手によって変わってきます。同僚との日常会話であれば趣味の話でもいいでしょう。

「昨日見ていたユーチューブでさあ、面白いことを言っていたよ」

「この前、旅行に行ったときに泊まった○○旅館、とても料理が美味しくてよかったよ」

など、最近のトレンドや自分の体験談を話していれば、たぶん楽しい時間が過ごせるでしょう。しかし、ちょっと待ってください。同僚との会話であっても、その人の時間を取ってしまっているのです。そのことを自覚しておく必要があります。

自覚がないまま話しかけてしまうと、「池畠さん、ちょっと待ってね。今は、どうしても○○の書類をつくらなければいけないから」と言われてしまいます。そして翌日、「おはようございます」と言ったあとに何かを話しかけようと思っても、「昨日、待ってね、と言われてしまったからなあー」と考えてしまい、二の足を踏んでしまいます。

そうなると、大変です。オーバーかもしれませんが、職員室内で孤立無援のような感覚に陥ってしまうかもしれません。もし、困ったことがあっても尋ねられず、孤軍奮闘することになります。そんな状態を続けられるほどの精神力をもっていればいいのですが、もしできない場合はどうなってしまうでしょうか。待っているのは「休職」かもしれません。

逆に、人の話を聞く場合を考えてみましょう。保護者との話はどうでしょうか。教師という職業柄、どうしても保護者の話を聞かざるを得ない場面が多々あります。「話を聞かざるを得ない」といった表現をすると、保護者からすれば「迷惑なの？」と思われるでしょうが（筆者も中学生二人の保護者です）、タイミングによっては確かに困る場合があるのです。

たとえば、朝早く出勤して、理科室で準備をしていたときに電話がかかってきた場合や、夏のプール指導といった場面です。水温管理、水質管理をしてから子どもたちの着替えを指導しているときに職員室から内線が入り、出てみると、「すみません。息子がプールカード（その日の体温や、入水できるかどうかを保護者が記入するカード）を家に忘れまして……」と言われると、教師はパニックになるでしょう。やらなければならないことを中断して、保護者の話に耳を傾けなくてはならないからです。

とはいえ、このようなときでも落ち着いて対応し、相手の話を聞く必要があります。何といっても、相手は困惑しているわけですから。

もし、飛行機の搭乗手続きをするとき、機械にカードが通らないとか、やり方が分からないで困っている場合には係員に尋ねますよね。そのとき、係員がせわしなくしていたらどう思いますか？　勇気をふるって助けを求めたのに、「今、それどころじゃないんです」と言われてしまったら、尋ねたほうは途方に暮れてしまいます。ですから、どのような状況にあっても、落ち着いて話を聞く必要があるのです。教師の社会性は、このような場面に現れます。

「人と話をするときには相手の目を見て」とか「相手の言うことをきちんと受け止めて」などと、教師は子どもたちに指導していることでしょう。このことを、教師は本当にやっているのでしょうか。日々多忙のなか、なかなかできないというのが実情ではないでしょうか。

では、どうすればいいのでしょうか。それを読者のみなさんと考えていこうというのが本書の目的です。前述した理科における実験準備のときに何かを話しかけられると、とても困ります。でも、いくつか対応方法を準備しておくことはできます。たとえば、次のようにです。

「なるほど、その件ならばお任せください。ただ、今ちょっと手が離せないので、今日の三時からお話を聞いてもいいですか」

「お困りになっていることは分かります。少し考えてからお伝えしますので、放課後に改めて連絡を差し上げてもいいですか」

このような対応であれば、相手も、「この人なら話を聞いてくれる」と思うはずです。そして、さまざまな情報を提供してくれたり、別の相談事をもち掛けてくるようになるかもしれません。ちょっとした言い方や聞き方の違いによって、その後の人間関係が円滑になるか、逆にギクシャクしたものになるかの境目となります。どちらがいいのかは、言うまでもないでしょう。

昨今、「個性を大事にする」とか「個人の自由を大切に」などといった言葉が流布しています。これらがどのようなところに影響しているのかなと思ってテレビを見ていますと、先日、面白いコメントを耳にしました。元中日ドラゴンズの落合博満さんの話です。

「我々の時代は、プロの選手といえども、遠征先の宿舎はみんな大部屋雑魚寝だった。一部の、結果を残している選手、ベテラン選手は別だが……」と話されていました。

つまり、ほとんどの選手は、遠征先での練習が終わったあとでもコミュニケーションを取らざるを得なかったということです。しかし、今は違います。全国各地にホテルがたくさんできたこともあって、一軍の選手であれば個室が与えられるというのが当たり前となっています。

練習が終わったあとは、言ってみれば勤務時間外ですから、家族や恋人と連絡を取ろうが、仲のいい選手同士で食事に行こうが、それぞれが「個の時間」を大切にすることができます。時代の流れなので、その良し悪しについては論ずるべきではないでしょう。ただ、まちがいなく言えることは、「大部屋雑魚寝」の場合、コミュニケーション能力が必要とされていたということです。

学校でも、これと似たような現象が起こっています。たとえば、現在は勤務時間中における「休憩時間」というものがしっかりと定められています。管理職がこれをふまえていない場合、教職員組合から「休憩時間がない職場では教師の人権がない！」などと言われてしまいます。このような状況のなかで、現在、何が起こっているのか、みなさん想像できますか？

夏季休業（夏休み）に入ると、もちろん子どもたちは学校に来ませんが、教職員にはしっかりと仕事や研修があります。その人たちは、大抵一二時ごろから昼食のための休憩時間をとります。私が初任のころなどは、ベテラン教師や校長が何かをどっさりと買ってきて、「みんなで食べよう！」などと言って、会話をしながら食事をしたものです。ですが今は、それぞれが教室にこもって、持ってきたお弁当やコンビニ弁当を食べるという光景が多々見られます。これも、「個」を尊重した結果なのでしょう。

しかし、本書のタイトルとした「教師の社会性」からするとどうなのでしょうか。そんな教師にしても、夏休みが終わって給食がはじまったときに独りぼっちの子どもを見たら、「みんなで食べましょう」とか「班の人と仲よく食べてください」などと言っているはずです。明らかに矛盾です。

比較的自由度の高い夏季休業中の昼食時において、一人で食事をしながらスマホなどをいじっている状態、理解に苦しみます。もっとほかの人と話したり、さまざまな話に耳を傾けてみませんか、と私は訴えたいです。

とはいえ、私も失敗談が満載です。現在、赴任四校目となりますが、初任校のときにはさまざまな職員と常にコミュニケーションをとっていました。仕事の話から余談まで、とにかく大学を出たばかりですから、社会人としての「いろは」が分かりません。やたらと話しかけたり、尋ねたりしていました。

その結果どうなったかというと、毎日、帰宅は夜の一〇時前後、遅いときには一二時を回りました。でも、自分としては一生懸命仕事をしていたつもりです（もっとも、話してばかりいたので仕事は進みませんでしたが……）。しかし、このような状態であれば日常生活に支障を来します。

二校目に赴任したときに結婚をしました。子どもが生まれて、家族の時間が大切になりました。帰宅してからも、やらなくてはならないことが山積みとなったわけです。それ以来、パッタリと職員とのコミュニケーションをやめました。そもそも、「職員室に下りてこない教員」として有名になりました。雑談に巻き込まれませんし、仕事をおろそかにする可能性が低くなりました。何よりも、帰宅時間が早くなりました。

このような状態で教員生活をやっていけるでしょうか？　当然、ダメでした。部署によっては前任者に助言を求める場面が当然ありますし、一人でこなせない場合は人に助けを求めるということもあります。このようなときには、いや応なしに話をしなければなりません。そのようなときです、あるベテラン教員に言われました。

「池畠さんは、いつもそっけないのに、自分が困ったときはよく話しかけてくるね」と。

頭を鉄アレイでぶん殴られるほどの衝撃でした。なんて馬鹿なことをやっていたのだろう。子どもに指導するときには何と言っていたのか。お題目のように、「みんなで仲よく」とか「協力してやっていこう」などと言っていたのです。しかし自分は、都合のいいときだけ話しかけて、自分の都合に合わせて人の話を聞いていたのです。猛反省です!!

もちろん、初任校でやっていたように、五時、六時となってもダラダラと話すことがいいとは思いません（そもそも、ダラダラとした時間は何も生み出しません）。だからといって、ちょっとした会話もできなかったのかと、自らを責めたいです。

「昨日、ヤクルト勝ったね。やっぱり今年は強いね」とか「先日教えてくれた店、家族で行ってみたよ。子どもが大変喜んでいたよ」など、廊下ですれ違うときや印刷室で会ったときなど、一〇秒もあれば話せることがたくさんあります。このような会話すら、学校ではできないのでしょうか⁉　学校って、そんなにも余裕がない職場なのでしょうか⁉

本書では、前述したように、教師がどのような場面で話し、そして相手の話をどのように聞けばいいのかについて書いていきますが、読者のみなさんには、ご自分の職場や教室など、それぞれの立場に置き換えながら読んでいただけるとうれしいです。

それではまいりましょう、学校におけるコミュニケーションの現場へ。

もくじ

第2章 保護者と話す 33

第3章

上司と話す——頼み事ばかりになっていないか

第4章 子どもと話す

第5章 学校外の人と話す
——旅行会社、教材屋、見学先、地域の方々 131

教師の社会性——「世間知らず」と言われないために

第1章

同僚と話す

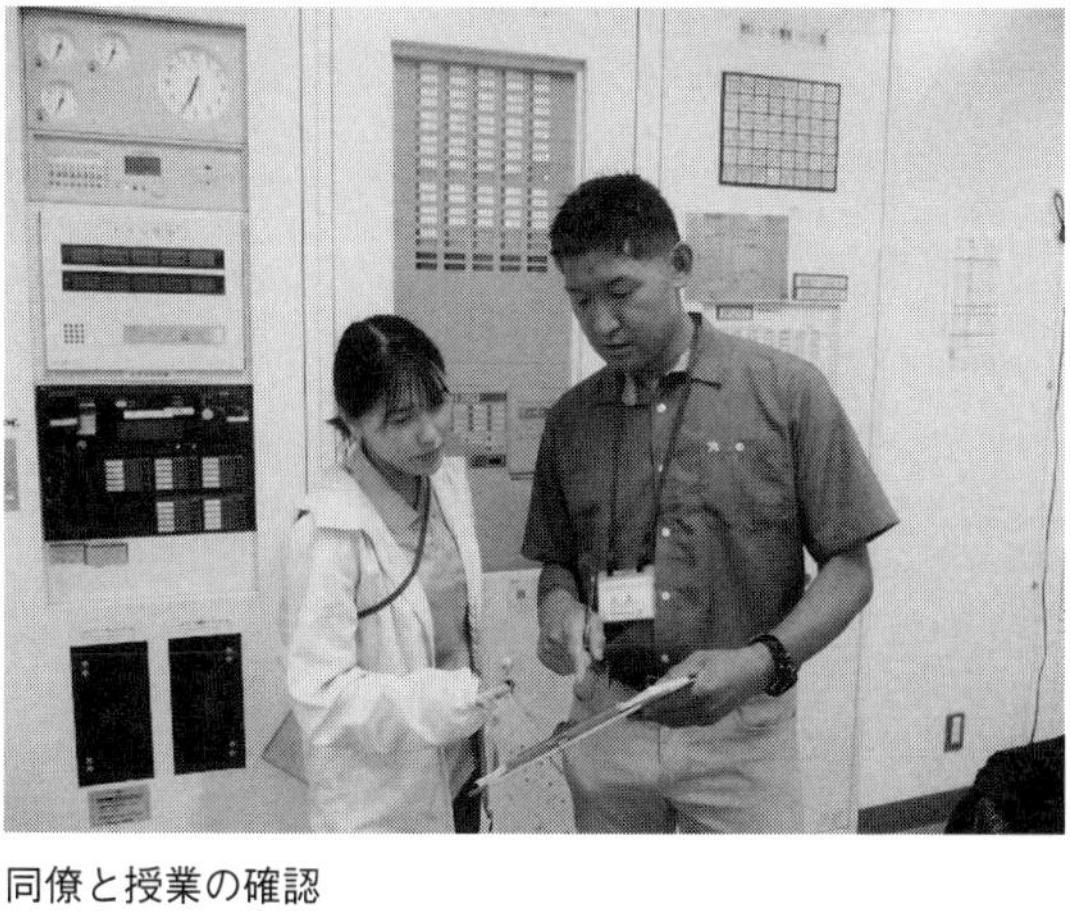

同僚と授業の確認

人間関係は挨拶から

職場において一番話しやすい相手といえば、やはり同僚でしょう。そうでないと、仕事を進めることができません。では、どのような声かけをしていますか。当然、筆者の場合は挨拶となります。

この挨拶、簡単なようで、とても奥が深いもののようです。かつて「国民教育の師父」と呼ばれた森信三《のぶぞう》（一八九六〜一九九二）が次のように言っています。

4日　人間としての軌道

皆さん方に、何よりもまず「人間としての軌道」に乗っていただきたいと言うことです。では、その軌道とは、

第一は、毎朝親に対してあいさつのできる人間になる。

第二は、親ごさんから呼ばれたら、必ずハイという返事ができる。

第三は、（イ）席を立ったら、イスを必ずキチンと中へ入れておく。（ロ）ハキモノを脱いだら、からなず揃える。（後略）

（寺田一清編『森信三　魂の言葉――二度とない人生を生き抜くための３６５話』ＰＨＰ研究所、二〇〇五年、一一ページ）

これくらい、挨拶というのは大事なことのようです。

現在でも、体育会系の部活動においては、「挨拶の仕方から指導している」と言われています。運動をやる前に、人としてきちんとしなければならないという意識の表れなのでしょう。とくに、剣道などの武道においては、「**礼に始まり礼に終わる**」と言われていることが有名です。試合においては、作法を守り、相手への敬意を示すことが何よりも重んじられるべきである、という礼儀・礼節をもって試合に臨むことは勝敗よりも重要であるという考え方のようです。私も、思わず納得してしまう心構えです。では、学校のなかはどうでしょうか？　どのような挨拶が交わされているのでしょうか。

朝、職員玄関に入って靴箱の前で同僚に会ったとき、職員室に入って出勤カードを押すとき、そして自分の机に荷物を置いたときなど、周りの人に挨拶をするというタイミングはたくさんあります。

そこで交わされる挨拶は、言うまでもなく「おはようございます」となります。しかし、この挨拶、何か定型文のようになっているように感じています。パソコンを見ながらの挨拶、廊下ですれ違ったときでも、荷物を持ちながら、すれ違いざまに交わしている場合が多いようです。要するに、相手の顔を見ていないわけです。忙しい朝の時間とはいえ、ちょっと悲しい感じがします。少しでいいですから、何か工夫を加えたいものです。

私が心掛けているのは、「おはようございます。今日も暑いですね」とか「おはようございます。夏らしいシャツの色ですね」などと、ひと言付け加えることです。このように言えば、相手を見て挨拶をするという習慣が身につきます。ひと言付け加えるためには、相手の様子を見る必要があるからです。せっかくの挨拶ですから、その人だけに届けたいものです。たったひと言付け加えるだけで、相手もこちらを見てくれるはずです。

では、挨拶の次にどのようなことを話しているのでしょうか。職員室のなかをのぞいてみましょう。

忙しい朝に何を話すのか

とくに、朝はみんな忙しいものです（暇な時間帯というものはありませんが）。ですから、長々とした話は嫌われますし、筆者も困ります。なぜなら、それぞれのルーティンがあるからです。それを無視して、自分のペースを人に押し付けるように話すというのはやはりいただけません。ましてや、大切な同僚です。職場で一番身近な仲間に対して失礼になります。では、何を話せばいいのでしょうか。

　同僚がゆえに、また同じ学年を担当している仲間だからこそ長く話したくなるといったこともあるでしょうが、とりあえず、仕事と無関係なことからはじめてみてはいかがでしょうか。曜日によっても違いますが、月曜日の朝であれば、週末にあったことを手短に話し、最後に感想などを加えるといいでしょう。

「土曜日、○○のライブに行ってきたよ。初めての埼玉スーパーアリーナだったけど、遠いね。いやはや、疲れたよ」

　このように言えば、「いいなあ」、「チケット取れたんですね」、「今日は早く帰りたいよね」のように、相手も短く返すことができます。

朝の声掛け

もし、朝一番から、「今から算数のプリントを印刷するんだけど手伝ってくれない」とか「校外学習の栞《しおり》を印刷しようと思うんだけど、手が空いてる?」など、時間がかかりそうなことを依頼してしまうと「難儀な奴（めんどくさい奴）」と思われてしまうでしょう。

このように記したのにはちゃんとした理由があります。かつて、筆者自身が、次のように言って失敗をしたからです。

朝、職場へ行って仕事をはじめました。若かったころは七時半に出勤し、学校の施錠を開けるということがよくありました。経験が浅く、仕事に対する処理能力が劣っていましたから、朝の早いうちに片づけてしまおうと意気込んでいたわけです。具体的には、プリントづくりや、その日の授業で使う教材を準備しておくなどですが、これらをみんなが出勤してくる前にひと通り終わらせていました。

このような作業をやっていくと、どうしても同学年の教員に話しておかなければならないことが見つかるものです。「これって、自分のクラスだけでいいのか」とか「ほかのクラスに伝えて、みんなで取り組んだほうがいいのではないか」などです。このようなことを、八時過ぎに出勤してきた同僚に話しかけたのです。すると、これ以上はないというほどの「嫌な顔」をされてしまいました。

さすがに、鈍感な私でも気付きます。この先輩教員は、子どもを保育園に送ってから職場に来ていました。学校に着くやいなや、やたらと仕事の話をしてくる若手教員がいるのです。「朝っぱらから、なんでそんなことするんだ！」という雰囲気が、表情や態度から伝わってきました。

こんなことを朝からいきなり話されたら、誰だって嫌な気持ちになります。ですから今は、「仕事の話からはじめない」というスタイルを心掛けています。

ちょっとしたひと言でいいので、何か言ってみてください。それを習慣にすると、相手の何かを見るようになりますし、さまざまなことが感じられるようになります。そして、それについてさらにひと言話すのです。これだけで相手は、「自分に関心をもってくれている」と思うはずです。

長々と話さない

話す長さについてですが、「あまり意識していない」と言う人が多いようです。「いや、相手の顔を見て、迷惑にならないように心掛けているよ」といった反論が返ってきそうですが、本当にそうでしょうか。

たとえば、プロ野球の話題を振って、「昨日、楽天がすごい攻撃だったね。これで苦境を脱出したね」などと話したとします。相手は、「そうですね。ようやく貯金生活（チームの勝ち数が負け数を上回ったこと）ですよ」と返すことでしょう。

朝のことですから、このくらいでやめておけばいいのですが、さらに、「そういえば、楽天の○○、すごいピッチングだったな」などと付け加えてしまうと、その試合を観ていなかった相手だと、どのように返せばいいのか分からなくなります。「早く教室に行かなくちゃ」と思っていてところに、「ピッチャーの話まで出してきやがった」と思っているはずです。

このようなとき、図々しい性格の筆者なら、「すみません。今、そこまで話せません。ちょっと急ぎますんで」と言ってしまうでしょうが、「そんなことを言ったら相手に失礼かもしれない」と考えてしまう若手教員が多いようです。そして、多くの場合、仕方なく話題に付き合ってしまうというのが実情でしょう。

このようなときでも、まったく話さないわけではなく、「少し話して、すぐに行く」というスタイルを意識したいものです。ひと言も話さないというのは、かつての筆者のように、どこか人間味に欠けるような感じがします。人と人が暮らし、仕事をしている空間ですから、一〇秒ぐらいであれば話せるはずです。何といっても、朝の忙しさはみんな同じですから。

それでは、長く話してしまったという筆者の失敗談を紹介しましょう。

職員室の後ろのほうにコピー機が置かれているのですが、そこでのことです。前日にあった職員会議が長かったことに嫌悪感を抱いていた筆者、コピーをしていた先輩教員に話しかけました。

「昨日の職員会議、あれはひどかったですね。そもそも提案なんだから、ちゃんと話してほしいですよね。提案なのに、自分が何を目的としているのかまったく分かっていませんでしたよね。さらに……」と、偉そうに話しかけたわけです。

最初は「フンフン」と聞いてくれていた先輩教員が、コピーを終えると言いました。

「うん、仕事をしよう」

こう言って、その場を去ってしまいました。

私が言っていたのは単なる愚痴です。愚痴を言うなら場所をわきまえる必要がある、と今は反省していますが、それと同時に話の長さについても反省しています。

読者のみなさんにも経験があるのではないでしょうか。愚痴というものは、言い出すと止まらなくなるものです。人というものは、恨みなどについてはかくも広げて話せるものかと、自分でも驚くことがあります。

とはいえ、脳科学的には仕方のないことだそうです。その昔、人類は、生存の危機に関することは脳にインプットされていたそうです。確実に自分が生存するためには、集団のなかでできるだけ優位な位置に就くことを求めます。そのため、人の噂や愚痴を言って、「あいつは排除したほうがいい」ということを周囲に知らしめるわけです。このような方法で、集団のなかにおける自分の立ち位置を保っていたようです。

決して褒められたことではないですが、そんな習性がいまだに残っているせいでしょうか、週刊誌に掲載されるゴシップ記事などでは、愚痴やねたみの類いが多いように思えます。第六四代・六五代内閣総理大臣であった田中角栄（一九一八～一九九三）が、「愚痴を言うときはトイレで、誰もいない場所で思い切り言え」（別冊宝島編集部編『ワイド新版　田中角栄　１００の言葉』宝島社、二〇二三年、二三九ページ）と言っていましたが、何となく頷けるような気がします。

繰り返します。愚痴というものは長くなるのです。そして、聞いているほうはあまりいい気分にならないものです。ですから、かつて忙しい先輩に向かって愚痴を言っていた筆者は、二重にも、三重にも、失敗していたことになります。

現在、出勤時には、「いつまでも話さない」とか「なるべくいい話題を話す」ように心掛けています。具体的には、普段と少し違う服を着ていた教員がいたら、すぐさま歩み寄って話しかけています。何といっても、服装にはその人なりの気持ちが表れているからです。

「お、そのシャツいいね。夏らしい色だね」とか「そのズボン、色もいいし便利そうだね。履いてみようかな」などです。言われたほうは、大抵の場合喜び、「ありがとう。実は、先週買ったばかりで……」などと簡単に返してくるはずです。

もう一つ心掛けているのは、相手の返答を必要としない語尾にすることです。

「そのズボン、色もいいし便利そう。今度履いてみよう」と、独り言のように言えば、相手からの返答を期待していないことになりますので、相手も気が楽になります。事実、このように話しているだけで、飲み会などのとき、「池畠さんは、よく人の服のことを見ているね」などと言われました。

実際は、言われるほど真剣に見ているわけではないのですが、あまり意識をせずに服装を選んでいる人であっても、やはり嬉しいようです。このような、ちょっとした朝の話、明日からでもはじめてみてください。たぶん、にこやかな雰囲気になると思います。

ただ、まちがっても次のように言ってはいけません。

「昨日と同じ服ですね」（とくに女性には）

授業の合間に廊下ですれ違ったとき

授業と授業の合間、たとえば音楽教室から自分の教室に移動するときです。もちろん、子どもたちは二列になって歩いています。いわば、安全確認をしながら歩いている状態です。若いころは、こんなときにも余裕がありませんでした。このような場面で、廊下の向こう側から来る同僚に会うということがよくあります。子どもたちを連れていくわけですから、長々とした話はできません。どのような声をかければいいのでしょうか。

その日、初めて会った教員であれば、「おはようございます」と言えばいいでしょう。しかし、すでに会っている人だったらどうしますか。無視をするわけにはいきません。だからといって、何かについて話し出すというのは難しい状態です。

誰かとすれ違う廊下

筆者の場合、同じ学年の教員であれば、終わったばかりの授業に関する感想を軽く伝えるようにしています。

「今日の音楽の演奏を発表会に使うってさ」とか「うちのクラスが使った木琴、出したままにしておいたよ」などです。これだけでも、授業の情報を伝えることになりますし、授業に関する情報を、少しですが共有することになります。

普段、廊下を歩いていてすれ違うときの言葉といえば、やはり「お疲れさまです」となるでしょう。何も言わずに通りすぎるよりはいいと思いますが、どうも紋切り型の挨拶のように思えてなりません。つまり、言葉から「心情」なるものがうかがえないのです。それに、一日のうちに何度も「お疲れさまです」を聞いてしまうと、嫌みを言われているような気がしてきます。

このようなシチュエーションにおける失敗談を述べましょう。

前述したように、初任のころはとにかく余裕がありませんでした。外部から招いた講師の授業を受けるために、別の教室へと子どもたちを移動させているときでした。そもそも時間がなかったので、急ぎ足で歩いていました。となると、当然子どもたちの列もバラバラになります。弁解するわけではありませんが、当時の私にはそうなってしまう理由がありました。

一一時三〇分までが三時限目の授業時間で、その授業が終わってから、トイレ休憩を挟んでからの移動となりました。となると、どうしても四時限目に予定されている一一時三五分からの授業に間に合わないわけです。外部から来てもらっている講師の授業です。遅れるわけにはいきません。しかし、「授業の終了時間は守りなさい」と担当教員（初任者を教える教師）に言われていました。まさに、板挟み状態です。

そして、運悪く、私の横をその担当教員が通りました。子どもたちの列はバラバラです。でも、弁解している場合ではありません。無視をするように担当教員の横を歩いていきました。みなさん、このあと筆者がどうなったのか、想像できますか。放課後に待っていたのは「お説教タイム」でした。

「なぜ、時間に遅れたのか？」

「列がバラバラなのはなぜか？」

「集団で子どもを移動させるときは、整列して歩かないと危険じゃないか！」

「私を前にして、無言で通り過ぎた理由は？」

「教師は、子どもたちの手本にならなければならない！」

グウの音も出ない状況でした。学生時代に戻ったかのように、「すみません、すみません」を繰り返すだけでした。とはいえ、もし当時の現場に戻れるなら、言いたいことがあります。つまり、初任者に対する教え方です。

「どんな場合も、授業終了時刻まで授業をしなければならないわけではない。今回のように、外部からの講師が来ている場合は、前の授業を早めに切り上げて移動してもよい」

「子どものトイレは早めに済ませておくほうがいいだろう。とくに、外部の講師が来るようなときは。教師の緊張感が伝わるのか、子どもも緊張してしまう。だから、トイレはこまめに行ってもらうほうがよい」

「廊下をバラバラに歩くと、必ず前の子どもを押してしまうものだ。そうならないために、並んでから歩くようにしたほうがいい」

　この三つをふまえておけば、通りかかった担当教員に対しても、「これから○○先生の授業です。子どもたちも楽しみにしています」などと言えたと思います。やはり、余裕をもつことが重要です。生活も、仕事も、余裕をもって行いましょう。

休み時間に用件を伝えるとき

教材を共有する場合

　休み時間というのは、子どもに対するものです。教員の休憩時間ではありません。ですから、この時間もしっかりと子どもを見ておく必要があります。それに、委員会活動（学校全体のことを行う子どもの活動）で何かをする、実行委員（各学年の行事を子どもが行う）で司会を務めたり何かをつくるなど、やらなければならないことが結構ありますので、休み時間であっても教員にとっては指導の時間となります。

とはいえ、やはり休み時間、少しは緊張状態から解放されます。では、そのときに何をしているのかというと、やはり次の授業の準備をしている場合が多いです。たとえば、理科室や図工室から教材を借りてくるなどですが、そのときに肝心な道具がないということがよくあります。

そうすると、「○○先生が前の時間に使っていた」とか「今、○年生が使っている」などといった情報が、子どもやほかの教員からよく入ります。

さて、話をする機会です。このようなとき、どのように話しかけますか。

たとえば、版画の場合、自分のクラスだけではなく、学年全体で取り組んでいることが多いものです。それゆえ、ほかの学年と行う時期が重なることがよくあるのです。そうなると、インクを入れるトレー、インクを刷るローラー、バレンなどが二つの学年で重なってしまいます。次の時間に使いたいものがほかの教室の廊下にあったとき、読者のみなさんならどのように話しかけますか？　少し、読むのを中断して、考えてみてください。

言うまでもないことですが、黙って持っていってはいけません。そんなことをしたら怒られてしまいます。私も、「次の三時限目だけだからいいだろう。使ったらすぐ戻すんだから」といった考えで、やってしまったことがあります。

考えてみてください。そのセットが廊下にそろっているということは、教員が図工室から借りてきたということです。その教員は、図工の主任から許可を得て、いつからいつまで借りるのかなど、手続きをちゃんと踏んでいるということです。

「そのような手続きをきちんとしているなら、二つの学年が重なることはないじゃないか」といった反論が聞こえてきそうですが、実は、このようなケースが結構あるのです。なぜなら、カリキュラムに合わせた学習教材を、学年分だけ準備している学校ばかりではないからです。だから、かつての筆者がやったようなことをしてしまうと、手続きをきちんと行った教員の苦労を踏みにじってしまうことになります。

しかし、やはり使いたいわけです。そうなると、必要となるのは「交渉」です。そうしないと、早い者勝ちになってしまいます。

大概の場合、先に取っていた教員も、学校の事情や学年の事情を話せば分かってくれるものです。もし、六セットあったとしたら、三セットずつに分けて使うというのが理想ですが、他学年のカリキュラムは、よほど気を付けていないと分からないというのが実情です。それに、正直なところそこまで余裕はありません。だから交渉となるのです。

「すみません。版画のセットですが、次の時間に使いたいのですが……」

このような尋ね方でいいでしょうか？　これだと、「いいけど、いつ返してくれるの？　うちの学年も使っているんだけど……」となってしまうでしょう。つまり、この尋ね方ではあまり印象がよくないということです。

では、次の言い方です。

「○年生の版画、上手ですね。しっかりインクが乗っていますね」と、先にできあがっている作品をいくつか見たうえで、次のように続けます。

「実は、先生、今週からうちの学年でも版画がはじまりました。お伝えしていなくてすみません。そこで、いくつかのセットをうちの学年でも使わせていただきたいのですが……。今、○年生がやっていますよね。いつぐらいま

子どもの版画作品

で使われますか？」

このように聞けば、かなり丁寧な言い方になります。それに、このように言われたら、「そうか、そっちの学年も大変なんだな」と理解を示してくれるでしょう。そして、版画セットのいくつかを分けてくれるはずです。

少し配慮した尋ね方をするだけで働きやすくなるものです。ここで紹介したのは、自分の学年が後に回ってしまったときのことです。逆に、ほかの学年の教員から「貸していただけませんか」と言われることもあるでしょう。そんなときは、快く共有するようにしてください。

学校に常備されている教材は有限です。有限となっているものをみんなで使うというのが学校なのです。この点に関しては、いかなる立場になっても忘れてはいけません。

子どもに関するトラブルを共有するとき

言うまでもなく、学校という現場には多くの子どもがいます。当然、毎日のように大小さまざまなトラブルが起こります。同じクラスの子ども同士のトラブルであれば学級担任だけで何とかなるでしょうが、ほかのクラスの子どもとのトラブルの場合は、休み時間に相談しに行ったり、教員同士で情報を共有するようにしています。そのとき、どのような話し方ができるのかについて考えてみましょう。

まずは、連絡帳に保護者が次のようなことを書いてきたと想定してみましょう。もちろん、フィクションです。


いつもお世話になっています。実は、昨日多摩公園で遊んでいたときのことです。うちの大地と、隣のクラスの英輔君ら数名が遊んでいました。サッカーをしていたそうなのですが、うちの大地がキーパーをやることになったようです。そうしたら、英輔君がかなり近いところからシュートを打ってきたようです。

大地は「近すぎる」と言ったそうですが、それには耳を貸さず、英輔君は「お前、サッカー習ってるんなら、このくらいは取れるだろう」と言って、何度もシュートを打ってきたそうです。

初めは大地も頑張って受け止めていたそうですが、何度も打たれるうちに顔に当たってしまったようです。そして、鼻血が出たのですが、英輔君は鼻血が出た大地を見て、逃げるように去っていったそうです。

家に帰ってきた大地、ずっと泣いていました。

このような保護者からの手紙を読んだとしたら、読者のみなさんはどうしますか？　当然、英輔君の話を聞こうと思いますよね。

ただ、その前に、英輔君のクラス担任に話しかける必要があります。これをしないで、いきなり本人を呼んで話を聞いてしまうと、担任は何も知らないことになりますから、あまりいい気持ちはしないでしょう。それに、「子どもへの指導は学校みんなで行う」という視点が欠けています。このような場合は、みんなで解決するという気持ちできちんと話をする必要があります。

では、どのように話しかければいいのでしょうか。

このとき、話しかける側の内心は穏やかではないでしょう。「自分のクラスの子どもが悲しい思いをしているのだから、一刻も早く解決したい」という心理状態になっているはずです。しかし、このような状態であっても、なにがしかの偏見が入っていることを忘れてはいけません。

連絡帳

まず、内容ですが、大地君の保護者が書いていることしか分かっていません。もっといえば、本当に多摩公園でサッカーをしていたのかどうかも分かりません。もし、サッカーをしていたというならば、ほかの子どもからも情報を入手する必要があります。ひょっとすると、ほかのことをしていたにもかかわらず、まちがって保護者に伝わったという可能性もあるのです。さらに、大地君のほうから英輔君に何か暴言を吐いたり、よろしくないことをやってしまったかもしれません。

このようなことを考えるために、まずは英輔君の担任に話をするのです。筆者の場合、休憩時間に隣の教室を訪ねて、そのクラスの担任と少し話をしています。

「すみません。昨日、公園で大地君と英輔君がトラブルになったようです。休み時間に両者から詳しく話を聞いてみたいのですが、先生も一緒に聞いていただけますか?」

このように、手短にすませます。相手の教師は、授業が時間どおりに終わらず、指導中かもしれません。ただでさえ短い休憩時間、こちらの都合で割って入るわけですから、手短に話す必要があります。これをふまえず、いきなり本題に入って解決しようとすると、自分の気持ちも落ち着きませんし、前述した「偏見」が入ったまま話してしまうことになります。この場合の偏見とは、「明らかに英輔君が悪い」という思い込みです。

現在であれば、このようなコメントができる筆者ですが、実は、若いころには同じような場面において大きな失敗をしています。

前述したような保護者からの連絡帳を受け取ったとき、一刻も早くその保護者を納得させなければならないと考えた筆者、連絡帳を持ってすぐさま隣の担任のところへ向いました。正直に言いますと、その保護者には、これよりも前に、ほかのことで迷惑をかけていました。

隣の担任は、子どもを少し待たせておいて、話を聞くために廊下に出てくれました。想像していただきたいのですが、この手の話は説明するとかなり長くなります。そして、ほかの人にどのように伝わるのか、かなりの話の達人でないかぎり保障できません。

さらに、この状況は、二つのクラスとも担任不在、指導者不在になっています。できれば、このような状況は避けたいものです。当然のように「先生、先生！」と呼びに来る子どもが後を断ちませんでした。にもかかわらず、「静かにしなさい！」と怒鳴る教員がいるのです。このような状況では、二人の子どものトラブル解決のために、ほかの大勢の子どもまでが犠牲を強いられることになります。

このように時間がない状態で、子ども同士のトラブルについて話をしなければならないのです。そして、そのほかの子どもに対する指導を継続しなければならないのです。まさしくパニック状態ですが、避けて通ることができない状況です。ですから、長くなりそうな話、とくにトラブルの話は「用件を短く伝える」必要があるのです。

そのうえで、「解決するのには時間がかかりそうだ」とか「ほかの先生にも入ってもらって話をしたほうがよさそうだ」となったら、職員室にいる教員に手助けをしてもらい、時間をかけて二人の子どもたちから話を聞くという体制をつくらなければなりません。

もし、手短に話した段階で、隣の担任から、「その件であれば、確か去年も同じようなトラブルがこの二人の間で起こっています。ですから、放課後に管理職にも入ってもらって話を聞いたほうがいいでしょう」などと言われれば、想像以上に早く、穏やかな解決となるでしょう。

いずれにせよ、かつての筆者のように、「いきなり解決」を目指さないことが肝要です。

放課後に話す場合

何から話すか

放課後、授業が終わって職員室に行くと、ほっとします。とりあえず、指導の対象者である子どもたちが帰ったからです。ここからは、同僚と過ごす時間となります。

もちろん、教員が共同で行う作業や会議がなければ、無理に同僚と過ごす必要はありません。教室に籠って翌日の授業の準備をしたり、教材を試してみたりと、自由に使える時間ともなります。このことをふまえて、ある放課後において、職員室でどのようなことを話せばいいのかについて書いていきます。まずは、初任時代にやってしまった筆者の失敗談から話しましょう。

初任者として教職に就いた当時、韓国ドラマの『冬のソナタ』(1)が女性を中心として大流行していました。「冬ソナ現象」と呼ばれるほど大ブームになったときです。当然、職員室で作業をしながら、このドラマに関する話題が話されていました。

当時は二年生の担任。学年主任である女性教員と、一年生の担任をしている女性教員とともに、同じ机で事務作業をしていました。成績をつける、テストの丸つけをする、または学年の会計処理をするといった作業です。

大学を卒業してすぐに教職に就いた筆者、まったく『冬のソナタ』を見ていないのに、

(1)　二〇〇二年、韓国のＫＢＳ第二テレビで放送されたドラマで、日本では二〇〇四年にＮＨＫで放送されていました。

その話題に入ろうとしました。そうしたら、二人が丁寧に説明してくれたのです。そして、気付いたら夕方の四時、子どものお迎えなどがある教員はカバンを持って立ちはじめました。でも、『冬のソナタ』の話は終わりません。作業をしながら聞けるほど器用であればよかったのですが、そうでもありません。そして、五時、六時と時間だけが過ぎていきました。

「ふー、今日はこのくらいにして、私は帰るわ」と言って学年主任が帰った時刻は午後七時。と同時に、一年生の担任も帰りました。後に残ったのは、丸つけのやりかけというプリントの山です。一体何をしていたのでしょう。この場合、「教師の仕事は遅くまでやらないといけないし、疲れるもの」などというのは単なる方便です。ほとんど何もしていなかったわけですから……。

この出来事から二〇年近く教職を続けている筆者ですが、周りを見てみると、このような失敗を多くの若手教員がしているように思えます。いかがですか、このような雑談をすることも仕事の一つとして捉えて、今後もやっていきますか？

もちろん、「雑談も仕事」とか「雑談も情報共有の場」という考え方を否定するつもりはありません。しかし、紹介したような失敗談には大事な視点が欠けているのです。それは、「勤務時間」か「休憩時間」かということです。

勤務時間であればなにがしかの作業なり、仕事をするべき時間となります。もちろん、その時間に雑談を挟んではいけないということではありませんが、前述のように手を止めてしまうと、業務より雑談を優先していることになります。どうしても雑談をしたいのであれば、休憩時間（どこの自治体でも、一五時くらいから四五分間設けられている）にすればいいのです。

では、放課後の職員室でどのようなことを話せばいいのでしょうか。

朝よりは少し余裕がある時間帯です。ましてや、一番身近な同僚が相手となります。少しでも働きやすくなることについて話したいものです。

時々ですが筆者は、飲み物や食べ物を買ってきて、「たくさん買ったからさ」などと言ってみんなに少し分けています。疲れている教員、みんな喜んでく

職員室

れます。それに、食べながらだと話も長くなりません。飲み終わったり、食べ終わるころにはみんな作業に戻っています。

さて、何を話すのか、その内容もある程度考えておく必要があります。重要な事項がないのなら、教材や指導法の話でいいでしょう。

「以前、先生に紹介してもらった作文の指導法を試してみましたよ。うまくできたかどうかは分からないけど、作文が苦手な○○さんもしっかり書いていましたよ」

このように、指導に関することを話すようにしています。もちろん、毎日というわけではありませんが、完成された指導法などはないということをふまえたうえで話題にしています。要するに、教えてもらった指導法をクラスで試しても、一〇〇パーセントうまくいくとはかぎらない、ということです。

とはいえ、せっかく教えてもらった指導法です。ここはうまくいかなかった、どうすればいいのかなど、軽く相談する形で話しかけています。すると、相手も一緒になって考えてくれるものです。

もし、いきなりダメ出しをしてしまうと、「せっかく専門分野についてアイデアを出したのに、ダメ出しをされるとは……。だったら自分でやれ!」という気分になってしまって会話どころではなくなります。同じ職場で働く仲間、気持ちよく仕事をしたいものです。

事務作業の確認だけになっていないか

朝のくだりでも話しましたが、常に仕事の確認から話をするというのはどうかと思います。もちろん、その事務手続きが終わっていないと次に進めないケースは別ですが。

顔を合わせるたびに、「成績処理、もう終わってる？　一週間後が締め切りだよ」とか「委員会への提出書類、もう出した？　あれがないと遠足に行けないよ」などと言われると、管理されているように感じませんか。もちろん、やるべきことですから、しっかり終わらせる必要はありますが、こちらも人間、やはりやりにくいものです。

ですから、事務作業の確認の前に、次のような別のネタをまずは話したいものです。

「今日も授業が終わった。今日で図工が完成したよ」
「今週出すプリント、まだできていないよ。さて、今から頑張るか」
「〇〇さん、掃除のあと、いつも雑巾を並べているよ。すごいね」

休憩時間になっていない場合は、なるべく仕事に近い話をしたあとに事務作業の確認をして、手助けできることがあれば手伝い、お互いが分かり合えるような会話に発展すれば、職員室の雰囲気も必ず変わっていくはずです。

二〇一五年に国連総会で採択された「持続可能な開発目標（Sustainable Development Goals：SDGs）」は、「目標とターゲットがすべての国、すべての人々、およびすべての部分で満たされるよう、誰一人取り残さない」ということを原則としてます。とくに、「誰一人取り残さない」というフレーズは、最近、文部科学省をはじめとして教育現場では連呼されています。

であるならば、「学校」という狭い空間で働いている教職員が一丸となって目標に向かって動き出す必要があります。二〇一九年、第九回ラグビーワールドカップのときは「ワンチーム」という言葉が有名になりましたが、まさに「ワンチーム学校」となって子どもたちのために働く教職員同士が分かり合える方法といえば、やはり「話し合い」です。有意義な話し合いができるように、配慮のある声かけをしたいものです。

「誰一人取り残さない」という言葉には、子どもだけでなく教職員も含まれています。ニュースなどで取り上げられている教育現場の課題を一掃するためにも、一人ひとりが意識の向上を図る必要があります。明日からでいいですから、相手の目を見てにこやかに「おはようございます」と言い、有意義な会話をしていただきたいです。

第2章

保護者と話す

保護者と話す

まずは気持ちのよい挨拶から

わざわざ「気持ちのよい」と書いた理由は、保護者と話す場合、大概は言いづらいことを話す場合が多いからです。もし、「そんなことはない！　子どものいいところを話している」と言われる人がいれば、かなりの達人となるでしょう。

放課後の職員室において電話をしている教員を見ていると、多くの場合、欠席をした子どもの保護者への連絡や、学校であったトラブルについての説明となっています。これらが八割と言っても過言ではありません。かつて、「学校からの着信があると、大抵ろくなことがないんです」と保護者から言われてしまったこともあります。振り返ると、保護者に連絡するときには「子どもの問題行動」や「トラブルへの対処」ばかりを話していたようで、何とも情けない気分になってしまいます。

まったく別のことについて発信できないものでしょうか。本章では、保護者とどのようなことを話すのか、もっと楽しいことについて話せないのかなどについて、さまざまな場面を紹介しながら語っていくことにします。もちろん、筆者自身の振り返りともなりますので、参考にしていただけるはずです。

放課後の電話

保護者に電話をする――言葉で言えば簡単なことですが、現在、共働きの家庭が多くなっていますから、保護者にとっても、教員にとっても、忙しい時間帯に電話をすることになります。それに、相手におうかがいを立ててから電話をするということは一般的にほとんどありません。

学校に電話がかかってきたときのことを考えてみましょう。そのとき、教員はどのような気持ちで受話器を取っているのでしょうか。これから一時間目がはじまるとき、これから放課後の会議がはじまるとき、出張に出る寸前、どのようなときにも電話はかかってきます。たぶん、「なんで今なんだろう?」と思うことでしょう。言うまでもなく、相手にはこちらの事情は伝わっていません。

同じケースを逆の立場に立って考えてみましょう。こちらが電話をするとき、保護者がどのような状態にあり、どのように思っているのかと考えたことはありますか?

会議が終わってから欠席をした子どもの家庭に連絡をする場合を考えてみましょう。通常、会議は三時ごろから一時間くらいかけて行います。時には一時間半くらいかかることもあります。そうなると、電話をするのは四時半を回っているはずです。もし、会議で出た資料を再確認したり、会議に出された提案について担当者と相談していると五時前になります。

よく考えてみてください。欠席をしたということは、子どもが熱を出したり、腹痛を起こしたり、何らかの病気にかかって休んだというケースが多いものです。その日の夕方五時です。子どもの様子を見ながら、保護者は夕飯の支度をしている可能性が高いでしょう。ひょっとしたら、夕食をつくるための買い物に出掛けているかもしれません。そんな時間にかかってきた担任からの電話、迷惑に感じる人がいるはずです。

言うまでもなく、電話をする場合には相手が見えません。だから、いいタイミングで電話をしているとはかぎらないのです。ということは、「電話をか

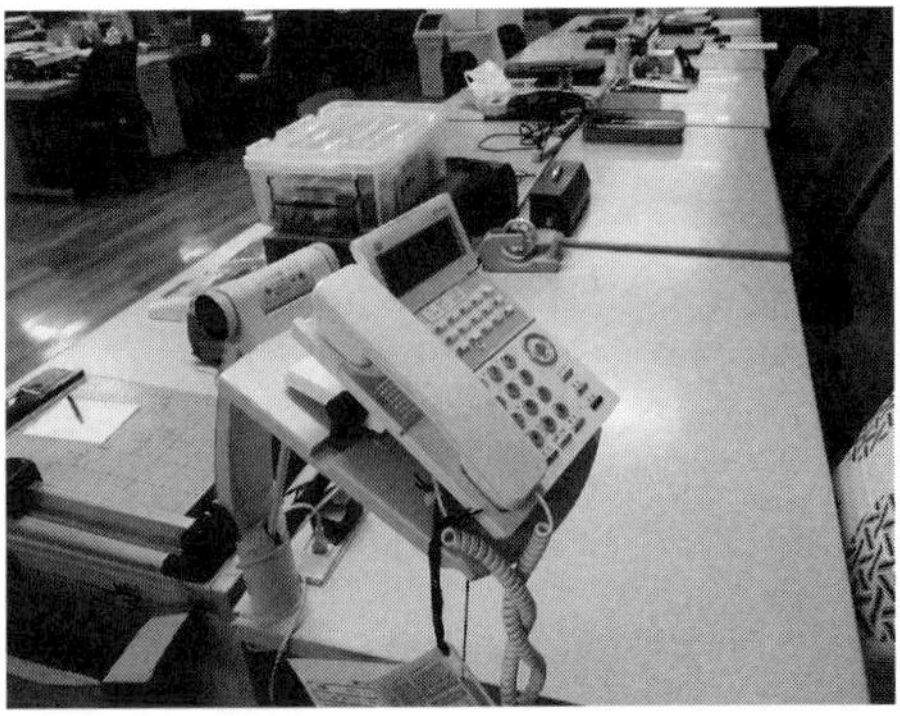

電話する場合も配慮を

ける」場合、「相手に迷惑をかけているかもしれない」ということをふまえておく必要があります。

「すみません。今日、○○さんがケンカをしまして……」といった内容の電話が、迷惑な時間帯にかかってきたらどのように思われるでしょうか。「今日、○○さんのものがなくなりまして……」とか「今日、○○さんが教室を走って友達にぶつかり……」といった電話が毎日のように学校からかかってくる状況、受けるほうからすればうんざりしてしまいます。

これに対して、次のような反論が聞こえてきそうです。

「大事な報告ですよ。電話をしないと、教室でのケガのことや、ケンカがあったことが家の人に伝わらないじゃないですか！　それとも、そういったトラブルを秘密にしておくのですか！」

私が言いたいのはそういうことではありません。もし、このような反論があるとすれば、「あなたの教室では、毎日のように子どもがケンカをしたり、ものがなくなる（または取られる）といったことが起こっているのですか」と尋ねたくなります。そのようなトラブルが起こらないようにするのが担任の務めのはずです。

それでは、もう一度考えてみましょう。忙しい時間帯にかける電話は何のためにかけるのでしょうか。そして、どのような内容を伝えればいいのでしょうか。

このあたりを事前に考えておかないと、電話をする意味がなくなってしまいます。ひょっとすると、「わざわざ忙しい時間帯に訳が分からない話をしてくる先生」というレッテルを貼られてしまうかもしれません。これらをふまえたうえで受話器を取ってください。そして、どのような内容を伝えるのかと考えてから番号を押してください。

ここでも、筆者の失敗談を紹介しましょう。

「学校からの連絡となると、ろくなことじゃないんですよ」

前述したように、ケガをした、ぶつかった、なくなった、といったことがあるたびに電話をしていました。そして、ある保護者から言われたのが見出しの言葉です。

ある日、子どもがケガをしたのですぐさま保護者に電話をしました。保護者は、すぐに学校まで来られました。そして、ケガの様子を確認し、病院に行くまでもないと判断されて家に連れて帰られました。そのあと、同じようなことが起こったのですが、三回目の電話のときにこのように言われてしまいました。

このときは猛省しました。学校でのことを可能なかぎり話しておこうと思って電話をしたのですが、保護者には、このように受け止められてしまったのです。

もちろん、この保護者も、「学校はけしからん」という気持ちで言ったわけではないでしょう。それどころか、帰り際に「いつも息子がご迷惑をかけてすみません。ほら、ちゃんと謝れ」と言って帰っていかれました。

そう、この保護者は、ご自身の躾が行き届いていないために子どもが教師に迷惑をかけていると反省されていたのです。でも、その要因は、担任の指導や教室での配慮のなさにあったわけです。そうならないように、受話器を手にする前に教室でつかんでおくべきネタを紹介しましょう。

「頑張りました。本日九九《くく》が言えました」

三年生の教室でのことです。教室には、かけ算九九がほとんど言えない子どもが三人いました。この事実、ぼーっと見過ごしてはいけません。九九は二年生の内容、教員なら誰もが知っていることです。それが、三年生になってもできていないのです。三年生の教科書をめくってみてください。「かけ算はできる」という前提で内容が進んでいきます。この子どもたちに、その内容が分かるでしょうか。当然、何も分からない状態で授業が進んでいくことになります。そんなことが許されていいのか、と考えた筆者は、この三人に特別な宿題を課すことにしました。

「今日から、ほかの宿題はいいから。４の段の九九《くく》を家で三回唱えてください」と言って、連絡帳に「４の段　３回　〇」とだけ書きました。最後の〇は、家の人のサインかハンコを押してもらうところです。そして、「翌日の朝にテストをします」と伝えました。

早速、放課後に三人の保護者へ電話をしました。すでに話すネタは決まっています。次のように話しました。

「もしもし、〇〇さんのお宅でしょうか。お忙しい時間にすみません。〇〇小、三年四組の池畠です。娘さんから聞かれたと思いますが、今、教室でかけ算九九の宿題をやっています。一日、三回で結構ですので、聞いてやっていただけませんか。ただし、毎日出します。この三回を繰り返すと、どんなに苦手な子どもでも二か月くらいで九九が覚えられるのです。お忙しいところすみませんが、三回、九九を聞くだけです。ご協力ください」

そして翌日、朝一番に九九の暗唱テストです。ポイントとなるのは笑顔で聞くことです。決して、しかめ面をして聞いてはいけません。楽しい雰囲気でやるのがコツです。そうすると、「先生、私もやりたい」と言って、かけ算九九に少し自信のない子どもたちも挑戦しはじめます。

ちなみに、４の段をテストするとしたら、全部言えるようになるまで毎日行います。全部言えるようになったら、今度は一〇秒以内で言えるようになるまで行います。このときは五日ほどかかりましたが、言えるようになったら、早速電話です。

「もしもし、○○小の池畠です。いつもお世話になっています」

最初の挨拶をしたら本題に切り込みます。

「○○さん。やりました！　本日、４の段のテスト合格です。本当に頑張りました。ご家庭でのご協力、ありがとうございます。本当に嬉しいです。この調子で、苦手な段にも挑戦しましょう」

と言いました。保護者は、涙声で喜んでおられました。それはそうですよね。今まで、九九カードを使ったり、プリントを使ったりと、ご家庭でも試行錯誤を繰り返しながら取り組んできたはずです。それでもダメだった九九が覚えられたのです。電話とはいえ、喜んでいる様子が筆者のほうにまで伝わってきました。

このような電話、どのように思われますか。仮に忙しくても、聞きたくなりませんか。もちろん、「本日、跳び箱が跳べました」とか「鉄棒の逆上がりができました」などでもいいと思います。電話をする必要がある場合、このような嬉しい報告も同時にしたいものです。

そのためにも、細心の注意を払って授業を行うのです。授業をしっかりとやり、その成果を報告するのです。電話に対する恐怖心が消えるかもしれません。

来校された保護者と話す

廊下ですれ違った保護者に話す

個人面談など、予定されている保護者とは違います。なにがしかの事情で来校された人です。その人が、以前担任をしていた子どもの保護者、担任をしたことはないが、何だかの理由で知っている人だった場合を想定してみましょう。

休み時間に廊下ですれ違いました。どのように接しますか？　また、何を話しかけますか？　このようなことが自然にできる人は、日頃から訓練を積んでいるか、かなり社会性の高い人でしょう。そうでない人、つまり、かつての筆者のように躊躇してしまう人はどうしているのでしょうか。

マニュアルというものはあまり好きではありません。ですから、あくまでも一人の人間として、こういう対応の仕方もあるんだという程度で読んでいただければ幸いです。

まず、挨拶をします。それから、担任をしたことのある子どもの場合は、頑張っている発表や学習などについて話してみます。私も二人の子どもの親ですが、いい噂というのは、担任から直接聞くよりも、ほかの、少し離れた人から聞くほうがさらに嬉しいものです。

このような心情をふまえて話しかけるのです。

あえてほめる必要はありませんが、「今度会ったときにはこれについて伝えよう」と普段から思っていると、子どもたちを見る目が違ってくるはずです。

「学芸会では、しっかりセリフを言っていましたよ」

「スクールバンドでは、トランペットをしっかり演奏しています。毎日、音楽室で頑張っています」

このようなことです。とくに、こういった活動については家で話さない子どもが多いものです。となると、校舎ですれ違った教員がそれらについて話せば、普段見えないことまで知らせてもらえたとか、いろいろな先生にうちの子どもの活躍ぶりが見られているんだと、保護者は感じるはずです。

たったひと言でも、保護者を豊かな気持ちにさせる言葉、たくさん備えておきたいものです。

個人面談で話す

年に二回か三回、個人面談というものがあります（学校によって違います）。このとき、どのような話をしていますか？　実は、このときの話し方についてずっと気になっていました。しかし、これもなかなかマニュアル化はできません。仮にマニュアル化をしたとしても、例外のオンパレードになるはずです。

とはいえ、出たとこ勝負でやってしまうと、聞いている保護者は、「この先生、何が言いたいんだろ」と感じてしまい、信頼関係をなくしてしまうことになります。では、どのようなことについて話せばいいのでしょうか。

子どもの活躍を伝えたい

まずは、「漢字テストで一〇〇点が取れました」とか「何度も練習して、ひき算の筆算ができるようになりました。本人も、最後の問題まで粘り強くやりました」といったことを話したいですね。しかし、このようなことは、言うまでもなく授業をしっかりやるからこそ生まれるエピソードです。ですから私

保護者と話すことになる応接室

たちは、授業を怠けてはいけないのです。話だけを取り繕ってしまうと、相手に嘘だとばれてしまいます。ひょっとしたら、別の子どものことを話してしまうかもしれません。

みなさんにも経験があると思いますが、商店街を歩いていて、「おめでとうございます！あなたにぴったりの商品があります」とか「本当に今だけ、お得なお話があるんですが……」といった言い回しに出合ったとき、うさんくさいと思われたはずです。だいたい、私にぴったりの商品なんて、知り合いでもないあなたになぜ分かるんですか⁉　今だけお得って、いつからいつまでですか⁉　と言い返したくなります。

このようなことに気付かれる読者のみなさん、ご自分の話し方にも敏感になる必要があります。もっとも、話下手な筆者が言うようなことではありませんが……。

職員室で同僚と話していると、「○○さんのお母さんに、いつも忘れ物がひどいことを伝えた」とか「今日こそは、算数が本当に理解できないことを伝えたい」などといった内容の話が聞こえてきます。

確かに、それらのことは伝えなければならない事柄ですが、聞く側の身になってみましょう。保護者は「より良くしてほしい」と思って、毎日、大切な子どもを学校に通わせているのです。しかも、個人面談のときには、シフト制の仕事をしている人であれば都合を付けて来校されているでしょうし、有給休暇をとって来られている場合もあります。要するに、保護者はわざわざ時間をつくって来られているわけです。そのような人に、できていないことを伝えるのですか、と筆者は言いたいです。

なかには、「すみません、いつもうちの子が迷惑をかけまして。ケンカなどしていないですか？」といった話からはじめる人もいらっしゃいますが、このような言い方の場合、ある程度謙遜しているか、実際に子どもの行動について困っていることがあるものです。それを考えずに、『ドラえもん』に出てくるのび太の担任のごとく、「本当に困るんですよ。いつも授業中に……」とはじめてしまうと、学校教育における矛盾をさらけ出してしまうことになります。

気付きましたか？　その困ったことを解決するために、なにがしかの手立てを講じるのが教員の仕事なのです。それをやらずに、保護者の「まったく困ったものです……」という言葉に乗っかって愚痴を言ってしまうと、その子どもがよくなることはありません。『ドラえもん』の世界はあくまでもフィクションです。私たち教員は、子どもをより良くしていく必要があります。そのために、日々多くの時間、教壇に立っているのです。

子どもが頑張っている姿、活躍している姿を保護者に話すという空間は本当に楽しいものです。次節では、漢字テストでなかなか一〇〇点が取れなかった子どもについて書いていきます。

「先生、漢字って覚えられるんですね」

この見出しも、ある保護者から言われたものです。この保護者の子どもは、いくら勉強をしても、漢字の書き取り練習を何度しても、ザルで水をすくうように忘れてしまうという子どもでした。本当に、書いても書いても覚えられなかったのです。みなさんがこういう子どもに接したとき、どのような支援をされますか。

筆者は、この子どもの「失敗トラウマ」を壊すことからはじめました。つまり、「どうせやってもできない」という思考を壊すのです。そのために、一〇〇点を取る感覚を味わってもらいました。それは、答えを見ながら漢字テストを解いていくというものです。

「答えを写すだけなんて、勉強になっていない」と思われた方はいませんか。筆者も初めはそう思いました。しかし、ＴＯＳＳ[1]の勉強会に行った際に言われた次の言葉で、その考えを改めました。

（１）（Teacher's Organization of SkillSharing）民間の教育研究団体。

「テストの間、書けないと悩んでいた子どもは、その時間何の学習をしているのだろうか」

この言葉にはドキッとしました。それまでの筆者は、「テストをするんだから、まずは家で勉強をして来るのが当たり前だろ」という感覚でいました。しかし、小学校のテストは、高校入試や大学入試とは違うのです（そもそも、それらの入学試験のやり方がいいとは思っていませんが）。

何を言いたいのかというと、小学校のテストは、一回のテストだけでその子どもの能力を測るものではないということです。ということは、答えを写しても何の問題もないのです。むしろ、苦手な子どもにとっては有効な方法となります。

毎回「0点」を付けられ、精神面でボロボロになっている子どもが、初めて一〇〇点を取るのです。これほど嬉しいことはありません。もちろん、こちらも笑顔で対応します。

そして、次のように言いました。

「写すのも勉強なんですよ。昔の人は、中国の経典などを写していました」

された人ならお分かりかと思いますが、写経などがその典型となります。しかし、心の状態が乱れていると、写すという作業においてもまちがうものです。もう、お分かりですよね。写すという行為も立派な勉強なのです。

この言葉を聞いた子ども、その日から一心不乱に写しはじめました。漢字だけでなく、算数も苦手にしていたこの子どもは、算数に関するプリントもノートに写すようになりました。

これまでは、「自分で考えてみよう」とか「自分の意見を書いてみよう」などと言われてきたわけですが、実際は何をしていいのか分かっていなかったのです。しかし、この日からは、授業中に「やること」がたくさんあるようになったのです。言うまでもなく、写すという作業が教員に認められたからです。すると、今までのことが嘘のように漢字を覚えていきました。

そして、ある日、漢字テストで見事一〇〇点をとりました（写して、ではありません）。その後の面談時に、保護者から「先生、漢字って覚えられるんですね」と言われたのです。「お子さんは頑張っています」、「きちんとノートを書いています」、「授業を真面目に聞いています」といった言葉を並べるよりも、初めての一〇〇点のほうがインパクトは強かったようです。

実際、終始笑顔で話されていました。当然、そのほかの話もトントン拍子で進みました。

教室に貼られている漢字

欠席した子どもの家庭への連絡

家庭からの欠席連絡も、学校に電話をするというのがかつてはオーソドックスな対応でしたが、現在ではメールなどで欠席理由などを知らせることができますので、その連絡もスムーズなものになっています。以前は、連絡帳を近所の友達に持たせたりして学校に報告してもらうという方式でしたが、その連絡帳を担任に渡し忘れてしまうといったこともありました。それを考えると、教員も保護者も楽になったと言えます。

さて、ある日、欠席した子どもがいたとしたら、その後、どのような対応をされていますか？　またまた、筆者の失敗談からお話しをさせていただきます。電話というのは相手の事情を考えない、と本章の冒頭で述べました。そのことをふまえていなかったというエピソードです。

朝、「インフルエンザで高熱が出ている」という連絡が入りました。当然、欠席となります。どのような様子なのだろうかと気になったうえに、その週には国語で調べたことの発表を控えていたので、その子どもが出席してくれないと困るという思いが念頭にありました。

そして、放課後に連絡です。受話器の向こうから届く声に驚愕しました。「こんにちは。電話ありがとうございます。どうやら私（母）もかかってしまったようで。ゴホッ」と、何とも苦しそうな声だったのです。

一応「大丈夫ですか？」とは言ったものの、そのあとの言葉、何とも言いようのない内容になりました。

「本日はですね、国語で教科書の文章を写しまして、発表の内容をみんなで考えて……」

みなさん、どう思われますか？　原稿を書いている今でも、「そんなことどうでもいいから、さっさと電話切らんかい。相手は今すぐ休みたいんだ」と言いたくなります。しかし、実際にこのような対応をしてしまったのです。

実は、その日の学習内容を丁寧に伝えることが誠意だと思っていました。何とも情けない話です。その反省をふまえて、現在は欠席の家庭には次のような対応をしています。

例外もありますが、休んだその日には電話をしません。休んだその子どもは、高熱を出していたなど、大変な状態になっていることが予想されるからです。そんなときに電話をしたら、逆に迷惑になります。一日置いてから電話をするか、もし翌日に登校してきたら、「昨日は大丈夫だったか？　そうか、辛かったね」などと話してあげればいいのです。

もし、二日目も休んだら、その日には電話をするようにしています。二日目だと病状も少しはよくなっているでしょうし、念のため休んでいるという場合が多いからです。そうなると、子どもの様子を聞いたり、「明日は来られそうですか」と話すこともできますし、その日に行った学習の内容を聞くだけの余裕が保護者にあると思われるからです。

繰り返します。誰しも、相手の事情を考えずに電話をしてしまうものです。だからこそ、普段からそのことを意識しておき、受話器を取る必要があります。また、ここで述べた筆者の考えが、「独りよがり」なものになっていないことを祈っています。

何もないけど電話をする

日々、子どもは変化を見せてくれるものです。その変化の様子、ノートに書き留めておこうと思ってもなかなか難しいものです。筆者は、最近になってようやくできるようになりました。ジャケットの内ポケットにメモ帳を入れておき、機会あるごとにメモをしています。

「○○さん、姿勢いい」、「○○さん、音読でいい声」、「○○さん、宿題出すようになった。エライ」などといった簡単なメモですが、リアルタイムで書くことに意義があると思って続けています。そして、その内容を保護者に電話で伝えています。読者のみなさんはどのようにされていますか。

学校の教員が書く年末の振り返りシート(2)でよく目にするのが、「学校は、地域や保護者と連携をとり、子どもを育てている」という内容です。「連携とは、何をすることなのか？」と自問自答しています。

「地域や保護者」とありますので、地域の人や保護者と、これまで記してきたように話をすることかもしれませんし、学校の様子を、月に一度発行する「学校だより」などに書いて知ってもらうことかもしれません。また、行事などを公開する形で、学校の様子を見ていただくことかもしれません。

しかし私は、それだけでは不十分だと思っています。なぜなら、それらは生《なま》の姿ではないからです。事前に練習をしたり、着飾ったりすることができるからです。それよりも、リアルタイムで、先ほどあった嬉しいことなどを保護者にできるかぎり伝えたいと思っていますので、よく電話をしています。

「もしもし、〇〇さんのお母さんですか？　今日、跳び箱が跳べたんですよ。嬉しかった

（2）業務の振り返りを行うもので、教育委員会から提出を求められることもあります。

ので、ひと言ご報告をと思い、電話をさせていただきました」
「最近、係活動を頑張っていますよ。今月までに、マンガ係のマンガ、四作も出していま
す」
「仲のいい友達が増えたようです。中休みにはトランプを楽しんでいます」
このようなことを伝えていますが、もちろん相手が忙しそうだったら控えています。で
すが、こういう一報を入れると、「ありがとうございます。本人からも聞いていたんですよ。
嬉しいです」などと大抵の場合はおっしゃってくれます。このような保護者の言葉、教員
からするとモチベーションアップにつながります。
どうしても電話が難しい場合は、一筆箋を準備しておいて、それに上記のような内容を
書いて子どもに渡しています。渡された子どもも喜びますし、保護者のほうも喜んでいた
だいているようです。
先にも述べましたが、学校から電話がかかってきたら「苦言」という状況では、保護者
も嫌になってしまいます。しかし、このような「うれしい報告」なら、保護者も電話の前
でウキウキしていると思われます。保護者に安堵感を与えることになる電話、可能なかぎ
りかけてほしいものです。電話といってもスマートホンの時代ですから、ショートメール
という伝達手段もあります。

保護者に話すツールの一つとして

何かを家庭に伝えるツールとして、立ち話、個人面談、電話、一筆箋などについて書いてきました。まだほかにもあります。それは「学級通信」です。学級通信とは、クラスの様子を書いた手紙のようなものです。これを、ある程度頻繁に発行するのです。そこでは、クラスの子どもの活躍、親切にしたこと、ノートをきれいに書いたことなど、クラスならではのエピソードを満載にします。今、何が流行っているのか、どのような点で成長しているのかなど、何でもいいのです。もちろん、学校外に向けて発行するものですから、管理職の許可が必要となります。

通信という性質上、一方通行になりがちとなりますので、そこに書いてある内容に対して、「面白い」とか「よく分かりました」などと答えてくださる保護者は少ないです。しかし、書いていると読んでくださるものです。

一筆箋

では、どのようなペースで発行すればいいのでしょうか。また、何に気を付けるといいのでしょうか。

学級通信というツール

前述したように、学級通信は一方通行となるツールですが、「学年だより」とは違って、クラスのことについてたくさん書くことができます。たとえば、次のようにです。

「○○さんが掃除を一生懸命やっていました。雑巾が真っ黒になるまでやってくれました」

一見すると、些細なことと思うかもしれませんが、子どもを学校に通わせている親としては、このような小さな出来事でも知りたいのです。それに、私も親になって分かったことですが、教室のなかのことは意外に知らないものです。「あのね、あのね」と、夕飯時に必ずと言っていいほど話しかけてくる年齢ならいざ知らず、九歳を超えたくらいから、あまり学校のことを話さなくなりました（もちろん、個人差はありますが）。ですから、些細なことをちょこちょこと書き続けられる学級通信は、保護者にとってもありがたいものなのです。

それに、文章というのは面白いものです。たとえば、次のように書いたとします。

「今、教室では、朝の五分で暗唱をやっています。『走れメロス』（太宰治）の暗唱ですが、〇〇さん、〇〇さん、〇〇さんが合格しました。ほかのみんなも頑張ってください」

読んでいるほうからすると、毎回そのことが書かれていなくとも、いつもこの暗唱をやっていると思いますし、その記憶が思わぬところでつながってくることがあります。たとえば、個人面談のときなどに、「暗唱をやってくださってありがとうございます。この間、娘に『走れメロス』の本を買ってなどと言われてびっくりしました」といった嬉しい報告があったりするものです。

このように、一度書いたことが記憶として残り、その家庭に『走れメロス』という文学作品が所蔵されるのです。何百回も「本を読みましょう」とか「本は心の旅路です」などと言うよりも、はるかに効果があります。

3年4組　学級通信　　No.34　　20230630

７いろの落書き

国語　　主題を考えました。

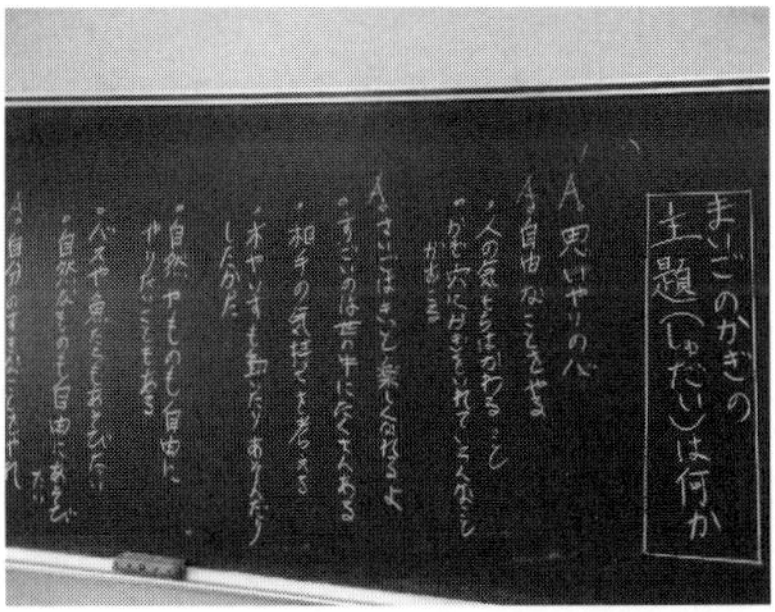

どんな文学作品にも、作者が視聴者や読者に伝えたいことがあります。それが「主題」であることを教えました。例えば、大きなかぶという童話であれば、「協力は大切だ」「みんなで力を合わせると大きな仕事ができる」などです。ジブリ作品の「天空の城ラピュタ」にも「科学が進みすぎてはいけない」などの主題があります。さて、今やっている「まいごのかぎ」はどうでしょう。写真がみんなから出てきた主題の答えです。とてもよく考えています。難しい学習ですが皆が書くことができました。

【今日のヒーロー】
深作さん　山口さん
掃除のちりとりを最後まで丁寧にやっていました。いつもいつも掃除をきっちりやっています。

学級通信 No.34「７いろの落書き」

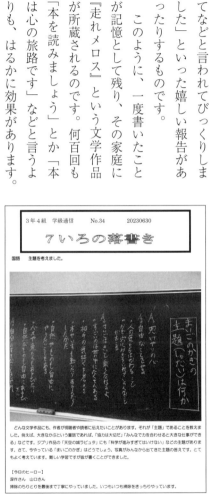

また、学級通信は、子どものリアルな姿を書き続けることができるので、書いていて楽しいです。たとえれば、スポーツニュースの一面を飾る出来事を日々探しているような感覚になります。もちろん、すべての子どもが一面に取り上げられるように配慮する必要はありますが、神経質になることはありません。なぜなら、ほかの子どもの話でも、多くの保護者はクラスの様子が知れることを喜んでいるからです。

とはいえ、学級通信を書き続けるための注意点もあります。それについて述べていきましょう。

発行した以上は継続して出す

期待に胸膨らませて教壇に立った新人教員、とても嬉しくて、すべての子どもがかわいくて、そんな子どもたちの様子を学級通信に書きたいと思うことでしょう。もちろん、筆者もかつてはそのように思っていました。

そして、「第1号」を書きます。2号、3号と続けていくと、子どもの変化に気付くようになります。順風満帆ならばいいのですが、ご存じのように、教室というところではさまざまな出来事が起こります。子ども同士のトラブル、モノが隠された、それらが理由で保護者から苦情が入った——このようなことがあると、学級通信は出しづらくなります。

そして、発行をやめてしまうという人が時々います。

しかし、発行した以上、続けなければなりません。読者のほう（子どもと保護者）は待っているのです。そのためには、連載するような感覚で書くことをおすすめします。仮に、第1号で、「この学級通信では、日々の学習について、教科ごとにその成果を紹介していきます」などと書いてしまうと、かなりしっかりと毎回授業の内容を書いていかなければなりません。このようなハードルを設けてしまうと、教員のほうも続けることが難しくなってしまいます。また、箇条書きの文章となってしまい、読んでいても面白くありません。そうではなく、子どもの成果の変遷を紹介するようにすれば、無理なく続けられるはずです。

もちろん、毎回長い文章が書けるとはかぎりませんので、今抱えている仕事量と相談しながら、適度な文章量で出し続けるようにしてください。ご自身の文章力アップにもつながりますから、一挙両得となります。

四月は毎日発行

筆者は、ここ数年、四月だけは毎日発行しています。何といっても新しい年度、さまざまな意味においてクラスも一新し、子どもだけでなく保護者も何かと意識する四月ですから、毎日発行する意味が十分にあります。ただ、五月に入ると、運動会などの行事が重なって打ち合わせなどで忙しくなるので、さすがに毎日というペースを継続することはできません。

教員にとっても忙しい四月、どのようにして毎日発行するのかというと、書く時間を五分〜一〇分に絞って、深追いをしないように心掛けています。四月の第1号は、担任の紹介や、これからクラスで取り組んでいきたいことなどについて書くことになるでしょうが、第2号からは文章量をぐっと減らして、些細な子どもの日常を書いていきます。

授業が終わって職員室に入ったタイミングで、「今日、〇〇さんが初めて算数で発言したな」とか「今日は、〇〇さん、跳び箱頑張っていたな」など、ふっと思い出すことがあるはずです。それらを、そのまま文章にするのです。「そのような分量でもいいのか？」と思われるでしょうが、毎日続けていると、さまざまなシーンについて簡単に書けるようになるものです。

私が書いてきたものを一部少し紹介しておきましょう（子どもの名前は伏せています）。

・さっそく、授業をはじめます。まずは教科書配布です。大切な教科書です。両手で受け取るように、と言いました。〇〇さんが両手で受け取りました。そして「あり

がとうございます」と言いました。すばらしいです。すかさず褒めました。
・今日は、係活動と当番活動を決めました。まず、この二つの違いを考えさせます。すると○○さんが、「係はやりたい人がやって、当番は毎日やること」と答えました。よく考えています。△△さんもその発言にうなずいていました。とても反応がいいです。
・「今日のヒーロー○○さん」、帰りのときに、忘れ物がないか、みんなに声をかけていました。こういう行動はとても嬉しいです。
・社会の学習で、教科書の資料を見ながら分かったこと、気付いたこと、思ったことをノートにたくさん書いてもらいました。活動をはじめると、○○さんが質問してきました。「先生、デパートがあるとかでも、いいの?」。いいんです。こういう当たり前なことも、書くことによって見えてくることがあるのです。

　このように、日々の出来事を書いているだけで五分くらいはすぐに経ってしまいます。改めて見ると、Ａ４判一枚分くらいの文章であればすぐに書けるようになります。これを繰り返すと、自分のなかに「書くペース」なるものができあがってくるはずです。それに、授業中だけでなく、休み時間などにおいても子どもたちをよく観察するようになるはずで

す。そうなれば書くという大変さが薄れますので、些細なことから書くことをおすすめします。

ページダウンしてきても毎月発行

五月、六月、七月と進んでいくと、子どもたちが書いたノートを見なければならない、テストの丸付けをしなければならないなど、教室事務もたまってくることでしょう。また、環境に慣れたことで、子どもたち同士でトラブルが発生し、対象となる子どもの指導といった場面も出てきます。これらが理由で、学級通信を出すペースが遅くなるというのはよく分かります。

そんなときは無理をせず、週に一回、難しければ月に一回というペースで発行するようにしましょう。先にも述べたとおり、保護者は学級通信を待っているのです。発行日を約束しているわけではないので、「まだですか？」と尋ねられることはないでしょうが、「読む人がいる」と肝に銘じ、発行できるように努めてください。

これだけはダメ

言うまでもないことですが、文章にしてみなさんに見せるものですから、子どもが恥ずかしくなることや傷ついてしまうようなことは書いてはいけません。もっとも、そのようなことを書いたら管理職の許可が下りないでしょうが。

たとえば、運動会のことを書いたのはいいが、欠席した子どもがいたにもかかわらず、「全員、一致団結」と書いてしまったことがありますし、名前の間違いが一番多い失敗となります。かつて、これが理由で非常に苦い経験をしています。保護者から次のように言われたのです。

「先生は、うちの子のことをちゃんと見ていてくれているんですか？　この名前には大切な思いがあるのです。がっかりです」

また、運動会に関する記述に対しては、次のような厳しい言葉が返ってきました。

先日、「全員目標達成。一致団結」と学級通信にありましたが、うちの子は当日お腹が痛くて休みました。そのこと連絡しましたよね。家でも「リレーに出たい」と言って泣いていました。

さすがに、心にグサリと刺さりました。人の感覚とはそれぞれです。「名前の誤記入くらい大丈夫ですよ」とか「休みましたが、うちの子も運動会の練習はとても楽しんで頑張りましたから」と言う人がいる一方、前述のような捉え方をする人もいるのです。ですから、慎重に書いていく必要があります。そうしないと、保護者とよいコミュニケーションを取りたいと思って書いている学級通信を台無しにしてしまいます。

四月の保護者懇談会

四月は、子どもにとっても教員にとっても嬉しいときです。先にも述べたように、新しい学年、新しいクラスが分かり、新しい出会いがあります。これからの一年間、どのような楽しいことをしていこうかと、いろいろと考える時期となります。このような出会いのあとに待っているのが保護者との懇談会です。

保護者のなかには、言うまでもなく、いろいろな思いを抱いている人がいます。一例を挙げると、次のようなものです。

・昨年は、あまりうちの子はクラスに馴染めなかった。
・昨年仲のよかった子とクラスが離れてしまった。大丈夫だろうか?

このような状況下において、新しく担任になった教員が話すことになります。さて、どのようなことを話しますか。

保護者も子どもも昨年と違うわけですから、「これを話しておけばいい」という鉄板ネタはありません。ですが、心掛けに関しては共通するものがあります。私は、この心掛けを大切にして、毎年話を組み立てています。ただ、振り返ってみると、年代によって少し違っていますので、若いときから順に述べていくことにします。

初任――独身時代（二〇代）

言うまでもなくこのころは、職場の人も、保護者も、みんな人生の先輩となります。そのような空間で教育活動をするわけですから、「一生懸命頑張りますから教えてください。そして、一緒にお子さんを育てていきましょう」という姿勢で臨んでいました。

クラスの目標や方針を話すときには、「上から目線」にならないように気を付けていました。どのように言えば「一緒に頑張りましょう」という姿勢になるのかと考えたり、逆に、あまりにも低姿勢になると「頼り甲斐のない人」と思われるのではないかと考えていました。

そして、自分なりに台本を書いて保護者懇談会に臨みました。当時は、自分にまだ子どもがいない状態です。そんな若い教員に、保護者はどのような気持ちで子どもを預けるのだろうか……。このような想定をして、話を組み立てていました。

若かったこともあり、「子どもと一緒に体を動かして、どんどんかかわりたいです」と伝えたことは覚えています。若い教員のみなさんには、ぜひアピールしてほしい文言であると自負しています。何といっても、若さというのは特権です。それに、保護者も、若い教員にはそれを望んでいる場合が多いのです。

結婚した時代（三〇代）

このころになると、ある程度経験も積んでいます。そして、家庭においては、人手がいかに必要になるかということが分かってきました。ですので、まずは持ち物について伝えました。たとえば、次のようにです。

図工において紙コップが必要になります、といったとき、いきなり「明日使う」と言われても、みなさんも忙しいので困ってしまいますよね。ですので、持ち物のご協力をお願いするときには三日以上前に連絡するようにします。

これだけでも保護者は助かると思います。また、ケガについては次のように話しました。

お子さんのケガについてですが、もちろんないことを願っていますが、起こってしまった場合、少しお忙しい時間帯でも連絡をさせていただきますので、ご容赦ください。

改めて考えてみると、独身のときとは違って、各保護者に連絡するべきことが少し見えてきた時代となります。

子育て時代——子どもが中学校に入学したころ（四〇代）

自分自身がまさに子どもを学校に行かせている状態ですので、保護者に対する話も大変分かりやすいものとなります。遠足に必要とされるものなどの連絡は早くほしいなーとか、来月の発表会はいつなんだろうかなど、まさに保護者目線で話すことができました。

ただし、気を付けなければならないときがあります。自分の子どもが中学校に入学するころです。このころになると、保護者のほうが自分よりも年齢が下になってきます。知らず知らずのうちに、「上から目線」になってしまうのです。初心忘れず、です。若いころのように、「ご一緒にお子さんを育てていきたいです」という姿勢を崩すことなく話しました。決して、自分は先輩だ、なんて思ってはいけません。

それよりも、「実は、私も小学校六年生と中学二年生がいる親でして……。二人とも親の言うことを聞かず、本当に大変です」と、親としての至らなさを保護者に披露しつつ話をしています。重要なことは、保護者に親近感を抱いてもらうことです。そうすれば、信頼関係も増していくはずです。

このように、年齢によって話し方が少し変わっていきますが、保護者も人間です。完璧な子育てや教育というものはありません。もちろん、年齢を重ねることでお互いが成長しているはずです。ですから、常に「お互いに頑張りましょう」という姿勢が必要だと思っています。

たとえとして挙げるのはどうかと思いますが、野球でいえばピッチャーとキャッチャーの関係です。どのようにバッターと対戦しようかと考え、ストレートにするか、間に変化球を入れてみようか、いや、この打席は歩かせてみようかなどと、常にバッテリーは思考をめぐらせています。それと同じように、保護者と教員がバッテリーを組み、ともに子どもの教育について考えるという感覚で私は話をしています。

第3章

上司と話す
——頼み事ばかりになっていないか

校長室での打ち合わせ

上司に話しかけるというのは、どのようなときでしょうか？　一人で判断できないことについて相談するとき、クラスで行う催し物について尋ねるとき、子どもの対応に困ったとき、などでしょうか。

さて、このようなとき、何から話し出しますか？　また、どのように話しかけますか？　ここでは、このようなことについて語っていきます。恐らく、すべての教員が困っていることだと思いますので、ある場面を想定して書いていくことにします。

困った困った、助けてください

一番困るのは、いつまでも一人で何とかしようとする人です。職場の雰囲気、学年の教員たちの雰囲気にもよりますが、やはりチームとして取り組んでいるわけですから、困ったことがあったら、傷口が小さいうちに相談したほうがいいです。ですから、新任教員などが相談に来たときには、上司のみなさん、「また、何かやったんですか？」とか「それって、この間も聞いてきたよね」などと、心ない言葉をかけないようにしてください。

さて、困ったときの相談事ですが、言い方によってはかなり違った印象を受けることになります。

「何か、困っていることがあるんじゃないの？　学年会計[1]大丈夫なの？」

と、上司のほうから先回りして聞いてくれる場合もあるでしょう。そのときに「しまった」と思うか「ありがたい」と思うかで、このあとの話し方がずいぶん変わってきます。

できれば、「ありがたい」と思って話したいものです。そうすれば、「ありがとうございます。先週からやっているのですが、どうも計算が合わなくて。ちょっとすみません、一緒に計算してくれませんか……」などといったように、自然な形で「できないことはできない」と言えるはずです。

それに対して、プライドからか、はたまた手助けを求めたくないのか、情報を開示しない人がいます。

「いや、大丈夫です。今週中に私がやって、来週には完成してお見せしますので」

このように言ってしまうと、それを聞いた上司も、「そう、それじゃ任せようかな」という気分になります。よほどお節介な人でないかぎり、「それでも見せてくれ」とは言わないでしょう。

（1）　子どもたちが使ったドリル、テストワーク、ファイルなどの教材費を集金し、業者に支払う仕事です。通常、学年内の担任の一人が担当しています。

そして、翌週、「やっぱりダメでした」となったとき、この上司はどのように感じるでしょうか。当然、いい気分はしないでしょう。なぜなら、最初に尋ねた段階では、上司のほうにも手伝えるだけの時間があったからです。そのときなら、じっくりと話が聞けたかもしれないのです。しかし、翌週になってギブアップしてしまうと、次のような返答が返ってくることになります。

「なんだよー、先週言ってくれれば何とかできたのに。なぜ、今なんだ。今週は○○○と□□□があるからなあ……」

仕事の状況というものは、言うまでもなく日々変化します。第2章でも述べましたが、話すということは相手の時間をいただくことになります。わざわざ話しかけてくれたということは、「今、あなたに時間をあげるよ」と言ってくれたようなものなのです。

なぜ、それを利用しないのでしょうか。その好意を、なぜ受けないのでしょうか。とはいえ、部下のほうにも、「この人には言いたくない」という事情があるかもしれません。だからこそ、日頃からいい人間関係をつくっておく必要があるのです。このように書くと、筆者をよく知っている同僚などから、「あんたが言うな」と突っ込まれそうですが……。

では、筆者の大失敗談を紹介しましょう。若いとき、「困った、助けてください」という声を、本当に出すことが苦手だった話です。

「来週、何とかします。待っててください」

これが若いときの口ぐせでした。このような言葉、先に言うのであればまだ救いもあるのですが、大抵の場合、上司から「ねえ池畠さん、運動会の団体種目、池畠さんの担当だったよね。まだ何も言ってこないけど、大丈夫なの？」と聞かれたときの返答でした。

この段階で、すでに相手を待たせているわけです。つまり、本人には「見通し」が立っていないわけです。なのに、「来週まで待ってください」とは、いったいどういうことなのでしょうか。

さまざまなことが考えられますが、一つは、「本当にいいものがもう少しでできそうなので、ほんのちょっと待ってほしい」という心情です。この場合でも、待たせるのは一日でしょう。それに、もしそこまで仕事の見通しが立っているのなら言い方が変わってくるはずです。たとえば、次のようにです。

「すみません、お待たせしています。実は、子どもを並ばせるところから演目に入るところまではできているのですが……。演目に入ると、どうも子どもの活動が制限されているような気がするんです。これは、並び方に問題があると思うのですが……」

このように具体的な話をすれば仕事は進むはずです。

二つ目は、できていないけど、相手を怒らせたくないから言いつくろってしまった場合です。このようなときは、仕事も多少進んでいるのでしょうが、見せるまでにはなっていない、だから今見せたら相手に怒られる、と感じてしまう状態です。

でも、どうでしょうか。言いつくろって、お互いに何かいいことはあるのでしょうか。あまりないような気がします。もし、仕事の進み具合が遅いのであれば、「すみません。実は同時に○○の仕事をやっており、ちょっと立て込んでおりまして……最初の部分しかできていないのです」と言えば、相手も「じゃあ、今回は池畠さんに任せると言ったけど、それ、ほかの人に任せたらどう?」と、代替案をしてくれるかもしれません。

三つ目は、まったくやっておらず、言われてドキッとした場合です。このような状態は、できれば避けたいところです。一番見通しが立っていない状態となりますから、それが分かった段階で相談すべきです。

「すみません。どうしても、運動会の団体種目と同時に進めている仕事に関して見通しが立たないのですが……」

このように言われたら、相手もほかの対策を取ることができます。

このような場合のコミュニケーションのあり方、何となく見えてきませんか。言われる前に、「来週にできあがるのですが、そのペースでいいですか?」と言うのと、言われてから「来週には何とかします」と答えるのとでは、明らかに言われたほうの印象も違ってきます。

仕事は、言うまでもなく一人でやっていくものではありません。自分なりのペースもあるでしょうが、相手には相手なりのペースがあるのです。拙著『教師の皿洗い』（新評論、二〇二四年）にも書きましたが、相手のルーティンを自分のせいで壊すことはしたくないものです。やはり、勇気をふるって早めに相談すべきです。

途中経過でもいいですし、行き詰まっているところでもいいです。それができない理由は何でしょうか。ひょっとしたら、「カッコをつけよう」としているのでしょうか。実は、かつての筆者はそうでした。今はそうならないように、ある意味「弱み」をさらけ出して、「これを同時には無理です。手分けしてくれませんか」と言うようにしています。

一つ、言われた側の人に対する注文があります。

もし、このように言われたらどのような気持ちがしますか？　自分の仕事が増

えることになるわけですから、あまりいい気持ちはしないでしょう。ましてや、締め切りが迫ってから「手分けしましょう」と言われたら、「何だよ今さら、先週の段階で言ってよ」と感じる人もいるはずです。

ですが、そこはコミュニケーション。言われたほうも嫌な顔をしないでください。言う側も、なるべくていねいな言い方を心掛けましょう。もし、いつもチクチクとした態度でいられると余計に話しにくくなり、その結果、相談も仕事も遅れてしまうことになります。そうならないように願っています。

上司との雑談はありか、なしか

みなさんは、雑談というものをどのくらいしていますか？　そして、それは有効なコミュニケーション空間となっていますか？　それとも、仕事の妨げになっていますか？

かつて筆者は、この雑談で苦しみました。初任者のころ、先輩教員たちと話していると、仕事の話からよくドラマの話に移っていました。しかも、仕事の役にはあまり立たないことです。第1章で紹介した、筆者にはまったく興味がなかった『冬のソナタ』の話です。

この話が、三〇分、四〇分と続いたわけです。話していた当の本人たちは、ある程度仕事の組み立てや見通しができる人でしたので、「あーあ、今日も話しちゃった。でも、この仕事とこっちの仕事は家に帰ってからやるからいいか」などと言って退勤していきましたが、あとに残った筆者の前には、ほとんど手付かずの仕事が山になっていました。仕方なく、そのあとにやっていました。

でも、考えてみてください。仕事をするには集中力が必要です。スイッチの入り方は人によって違うでしょうが、そんな雑談を延々と聞いたあとの筆者、すぐにスイッチは入りませんでした。かくして、筆者のダラダラとした仕事は深夜まで続きました。これがかつての筆者の姿です。もしかしたら、読者のみなさんのなかにも、このようなことで悩んでいらっしゃる人がいるのではないでしょうか。

雑談が悪とは言いません。この場合、筆者が悪いと言えます。自分の仕事を進めるわけですから、その環境を選べたはずです。それをしなかったわけですから、先輩教師に対して文句を言える立場ではありません。今はこうならないように、雑談もいくつかの種類に分けて付き合うようにしています。それについてお話しします。

共通の趣味に関する雑談

野球やサッカーなどで、どこのチームがどこまで勝ちあがったのか、どの選手がどれだけ活躍したのか、先日公開された映画は観に行ったのか、今度はどの山にチャレンジしようと思っているのか、どこにキャンプに行くのかなど、趣味にはさまざまなものがあります。恐らく、これらのテーマに関する雑談が一番多いと思われます。

これこそ注意が必要です。ついつい長くなってしまいます。よって、勤務時間にこれをやりすぎるというのは「危険」のひと言です。相手の仕事、自分の仕事の手を止めてやることになるからです。

話の流れで、このようなテーマに関する話が出てくるという状況はよく分かります。筆者もよく遭遇する場面ですが、その場合、限度を意識しながらやるようにしています。ある程度話したら、「もう一〇分も話したか、ありがとう。仕事に戻るわ」などと言って、気軽に席を離れるようにしています。

公立小学校の教員には、五年~七年に一度は「異動」があり、ほかの学校に移ることになります。移ったときは、いわば「アウェー状態」となります。こちらにも職場のみなさんのことが分からないですし、相手もこちらのことが分からないのです。ですから、異動時には、名刺代わりに「雑談」を挟んでいます。教育空間だけでなく、ほかの職業に就いている人も同じような経験があることでしょう。

こういうときには、「私は○○○に興味があります」と公言するのがいいでしょう。すると、同じことに興味をもっている人が分かりますし、親近感が高まり、仕事にもよい影響が生まれます。

仕事に重なる雑談

何かの作業を職員室でしているときには、一人では確認できないことや、ほかの人の意見を聞いてから行ったほうがいいことも出てきます。えてして、このようなときに雑談がはじまるものです。とはいえ、半分は仕事の話です。

「すみません。来週に提出する○○の書類をつくっているのですが、もうやりましたか?」

このような会話をすると、締め切り前にできていない人と、やり方について共有できるといったメリットがあります。もし、「まだ取り組んでいなかった」という回答であれば啓発になりますし、「やっているけど、進め方が分からない」という仕事については、協力しながらやり方の確認ができます。

筆者は、比較的この手の雑談を広げたいと思っているわけですが、やはり注意が必要です。相手が、今、何をしているのかをチェックしないと、迷惑千万となります。相手は、すでにその仕事は終わっていて、大変なトラブルとの対応中かもしれません。さらに、電話を切ったあとに行う管理職への報告内容を組み立てていたかもしれません。

経験のある方だとお分かりかと思いますが、保護者とのトラブルや、子どもに関するトラブルについて電話で話しているときは、かなりメンタルが落ち込んでいます。スッキリ解決、という状態はなかなかありません。そして、対応が大変であればあるほど、学年主任、生活主任、管理職などへの報告や相談が必須となります。

このようなときは、誰しも全神経を集中して、それに取り組んでいるはずです。そんなときに、「来週提出の校内研究授業のアンケート」の話をされても、返す言葉はないでしょう。そもそも、話をするほうが無神経すぎます。雑談であっても、相手を見たうえで行いましょう。

相手のメンタルを救うための雑談

仕事をしていると、いろいろと悩むものです。悩みというものは、すぐに解決できないことが多いものです。そんなときは、誰しも愚痴を言いたくなります。言われたことを「聞く」に徹するだけでも、相手にとっては救いになります。そのような話を紹介していきましょう。

先輩教員のなかには、学年主任などを務めている人が多いものです。つまり、上司となるわけですが、その人たちは、あなたのクラスよりも大変なクラスを担任していたり、かなり手のかかる子どもの担任になっているものです。そのような上司の悩みを聞いてみましょう。

授業が終わり、職員室に下りてきて、「今日は○○さん（児童の名前）が大変だったよ。すぐに、□□さんとケンカをするから、私はもう疲れた……」などと言っているとします。たぶん、話の内容からして、毎日のように起こっているのでしょう。このような場合、かなりメンタル面で落ち込んでいるはずです。このようなときに「話を聞いてみる」というのもいいでしょう。

「わざわざ火中の栗を拾いに行くのか！」という反論が出てきそうですが、そうではありません。このような場合、相手が願っているのは相談ではなく、「吐き出したい」ということなのです。ここを履き違えて、解決策を見つけ出そうとしてはいけません。言うだけ言ってスッキリした、となれることを考えて話を聞いてみるのです。たとえば、次のようにです。

「また、○○さんがケンカをして、ちっとも謝ろうとしないの」

「なるほど、謝らないのはいけないですね」

「そうでしょう。だから、そのことを話し込んだの。それで分かったのかと思ったら、また五時間目にもケンカをして……」

「それは大変でしたね。先生の言うことを理解したつもりでも、まだ行動が伴わないんですね。対応した先生の苦労、お察しします」


このような対応の仕方、分かりますか？　相手の言うことに同意したり、苦労をねぎらうのです。このようなコミュニケーションでも、相手のメンタルが救えます。もちろん、解決には至っていませんが、応急処置としてはかなり効果があります。付け加えて言えば、上司ではなく、同僚にこの方法を使うと有効な場合が多いです。

保護者や子どもとのトラブルが何かと多い職場、それが学校です。教員同士、お互いにメンタルを救っていきたいものです。

雑談をしないパターン

あえて、雑談をしない場合を考えてみましょう。前述したように、必要な雑談もありますが、それればかりだと仕事が進みません。たくさんの人がいる職員室で、無理に集中モードを出す必要もありませんが、話の輪に入らないことも大事なコミュニケーションとなります。要するに、全部の話に首を突っ込む必要はないということです。

読者のみなさんなら、どのような場面でそのようにしますか？

教室で何かを制作する場合

本章のテーマは「上司」です。その上司とあえて雑談をしないとしたら、どうすればいいのでしょうか。場面は放課後としましょう。

雑談や会話をしないということは、何かに集中しているとき、もしくは「〇〇プロジェクトに集中していて手が離せない」などといった状態の場合が多いと思います。そのようなときには、「すみません。今から教室で、今度の〇〇委員会のポスターを仕上げてしまいたいんですけど、いいですか？」と話してから職員室を離れるようにすれば、上司に今やっていることが伝わります。また、それが理由で忙しいということも伝わります。

雑談をしないといっても、このようにたったひと言ぐらいは話せるはずです。そうしてから、場所を移して自分の仕事に集中するのです。このような姿勢がとても大事だと思っています。

成績を付ける場合

成績を付ける、これほど孤独な作業はありません。もちろん、専門教科の教員（図工、音楽、外国語を専門に教える教員のことで、学校によっては、理科や算数にも専門の教員がつく場合があります）にクラスの子どもを教えてもらっている場合は、その教員の評価を聞くことにもなります。

一般的に、学級担任をしていると、国語、算数、社会、理科などの主要教科、そして体育などは担任が成績を付けることになります。どのように付けるのでしょうか。これも、学校によって付け方に関する方針が決まっています。

小学校の場合であれば、テストの点数、ノートをきちんと書いているかどうか、授業中の発言、みんなで活動したときの様子（教員のメモ）によって付けることが多いです。

要するに、担任はこれらを総合的に判断して成績を付けているわけです。これを上司と相談しながらやると膨大な時間がかかりますし、お互いに疲れてしまいます。そのため、この孤独な作業を通して、「すべてが自分に任されてる」という錯覚を起こしてしまうことにもなります。くれぐれも気を付けてください。

どちらかといえば、「みんなを代表して成績を付けている」といった感覚のほうがいいかもしれません。ですから、成績を付けるときには、あまり独りよがりにならず、「この間、学年の先生と確認したとき、算数ではテストの点数とノートに考え方が書けているかと決めていたな……」と、みんなで確認したことを思い出しながら成績を付けるのです。そして、どうしても判断に迷った場合は、上司に聞きに行くという姿勢が必要です。そうすれば、独りよがりな状態から脱却できます。

さて、この作業においては、基本方針を確認したら、あとはこれまでの授業メモ、子どもの活躍メモ、そして子どもが書いたノートの記録などを片手に黙々と作業することになります。期限内に成績を付けられなければ大変なことになりますから、上司に対しては、「今から成績を付けます。ちょっと職員室を離れて集中してやってきます」と言えば、言われたほうも納得するでしょう。

いずれにしろ、ひと言が必要です。日頃から、「何でも言える」関係をつくっておくことが大事だということです。

管理職への話し方——プライベートなことも

さて、雑談から離れて、どのようなことを上司に話しておくのがいいのでしょうか。ここでは、校長や教頭（副校長と呼ぶ学校もある）にかぎって話をしていきます。

この二つの立場にある人が「管理職」と呼ばれています。我々教職員や、学校の体制を管理するというのがその仕事です。そうなると、趣味などのことはさておいて、話しておくべきことがあります。それは、「体調」や「家庭」のことです。

少しプライベートな内容になりますが、これらのことはきちんと伝えておかなければなりません。たとえば、持病のてんかんがあって夜間に発作を起こすことがある、喘息があるなどといった情報は伝えておいたほうがいいでしょう。そうすれば、「宿泊行事への参加がある学年から外そう」とか「職員作業において、埃が多い場所の担当から外そう」といった配慮をしてくれます。それに、これらのことを管理職は基本的に口外しません。

いずれにせよ、職員一人ひとりの情報を入手しているのが管理職なのです。そういう意味では、大変な仕事だと想像できます。では、それらの情報をどのように話すべきでしょうか。また、どのようなタイミングで話すのがいいのでしょうか。

体調のこと

体調のことに関しては、できれば三月の終わりか、四月の初めに話しておくほうがいいでしょう。その時期に一年間の教育計画が組まれるわけですから、大事な情報はきちんと伝えておきたいところです。筆者も、ヘルニアが発症したときにはすぐに伝えました。そして、その年は、重いものを持つような作業はすべて外してもらっています。

このような持病を伝えるときには、「実はお願いがあるのですが、私、この三月に喘息を再発しまして、埃っぽい場所で過ごすと発作が起きます。ですから、職員作業などでは配慮していただきたいのですが……」と、具体的に伝えましょう。病気や体調によって苦手な部分となるわけですから、強がる必要はありません。

とはいえ、若いときには、「そのようなことを言ってしまうと、担任を外されてしまうから嫌だな」と考えました。でも、思考の転換が必要です。

筆者にも経験があります。四月に「算数少人数」の担当という内示を受けました。「算数少人数」というのは、算数の学習において、文字どおり子どもの人数を少なくして教える状態のことです。「四月から、四、五年生の算数をしっかり見てください」と言われて、その年度をスタートしました。ところが、七月になったら、四年生の学級担任が体調不良で欠席がちとなりました。

ある日の朝、「池畠さん、今日は四年○組に一日入って指導してください」といきなり言われました。そして、これが理由で、その日にやるはずだったほかのクラスの算数の計画が台無しになりました。次の日も、そのまた次の日も……。

こんな調子で一週間が過ぎました。そして、夏休みに入りました。夏休み明け、同じように「四年生の一クラスに入るように」と言われました。結局そのまま、三月の終わりまで担任になったのです。前の担任は体調を崩して療養休暇に入った、とあとで知らされました。このようなことも、あり得るわけです。

しかし、一つだけ苦言を呈するならば、体調不良は三月の段階で分からなかったのか、ということです。やはり、少し疑問をもってしまいます。ですから、体調のことは正確に伝える必要があるのです。各教員の体調は学校全体の体制にかかわることになると、肝に銘じておいてください。

教員人生は長いものです。定年まで勤めれば四〇年以上となります。担任を任されることもあれば、「担任以外をやった」ということもあるでしょう。だからといって、金輪際担任をしないということはありません。つまり、担任を外されても落ち込むことはない、ということです。もし、公立学校であれば、数年の間に必ず異動があります。異動先で、改めて担任としてスタートすればいいだけです。

一つしかない体、無理をして壊してしまったら、その状態を一生背負っていくことになります。言うまでもなく、職場や家族に大変な苦労をかけることになります。ですから、体調のことはきちんと伝えるようにしてください。

もし、そのことを人に絶対知られたくないのであれば、念のために、「すみません。私

の喘息のことはほかの職員や保護者には知られたくありません。その点もご配慮くださ
い」と言うべきです。そうすれば、管理職も考慮してくれるはずです。
体は一つしかない――このことを自覚して、仕事に取り組んでいただきたいです。

家庭のこと

家に小さい子どもがいるので、夕方の五時には職場を出て、迎えに行かなければならな
い。家で祖父母を介護しているので、度々介護休暇をいただきたい――このような事情も、
きちんと管理職に伝えておくべき内容となります。
そうしておかないと困ることが多々生じます。小さな子どもがいる家庭の場合は、度々
休むといったことが考えられます。みなさんにも経験があると思いますが、小さな子ども
は、日曜日の夜、いきなり発熱するということがよくあるのです。そうなると、当然、次
の日の朝まで熱は下がらないでしょう。その結果、「月曜日は休み」といったことになっ
てしまいます。
クラスによっては、「月曜日が休みになるのは困る」といった事情を抱えている場合も
あります。たとえば、少し鬱《うつ》傾向の子どもがいるクラスです。毎週月曜日、その子どもが
学校に来られるかどうか不安です。そのようなクラスの担任が度々休むようでは、ほかの

子どもも含めて不安で仕方がないという状態になります。

また、一年生のクラスも同じです。言うまでもなく、一年生は小学校での生活が初めてです。初めてというのは、誰であれ不安がつきまとうものです。ですから、なるべく教員は休まないほうがいいでしょう。

家庭の事情を伝えて、そして、場合によっては休暇をいただきます。また、「保育園から連絡があったら、勤務時間中でも迎えに行かなければならない」といった情報を伝えておけば、前述したようなクラス担任からは外してもらえます。

介護についても同じで、公立学校では介護休暇が認められています。ですから、ご自分の祖父母、または父母の介護のために、これを使って休むことも教員にとっては大事なのです。何と言っても、代打がいないわけですから。

「いや、私は担任がやりたい。子どもの保育園という事情があっても、きちんと時間をやりくりして担任はできる。自分にはできなくても、両親が代わりをしてくれるから大丈夫」

このような事情がある人も、そのことをきちんと伝えておいたほうがいいでしょう。とはいえ、それも考えものです。何度も子どもの発熱があったとき、毎回毎回、親に頼めるのでしょうか?　インフルエンザが流行する時期は、その教員の親も感染するというリスクを抱えています。そういったときでも、ご両親は快く子どもの看護をしてくれるのでしょうか？　それに、幼い子どもが病気のときに親がいないというのはどうでしょうか。もう一度言いますが、親の代打はいないのです。ですから、無理をせず、きちんと休める環境をつくってもらって仕事に取り組んだほうが得策だと思います。もし、担任にこだわるのなら、子育てや介護がひと段落してからでもいいのではないでしょうか。

学年主任への話し方

自分に一番近い上司といえば学年主任となります。学年主任には、話すことがたくさんあります。仲がよかったら、趣味や好きなものについて話をするというのもいいでしょう。そんなプライベートな話は毎回しないでしょうが、重要と思われることは話しておかなければなりません。

先に記したような「子育て」や「介護」などに関する家庭問題もその一つです。このようなことを話しておくと、休んでしまいそうなときでもすぐに体制をつくることができます。授業のなかで、どれを自習にするのか、今は○○あたりを教えているから、ここは二クラス合同で授業ができるなーなど、管理職とは違って、その学年に関する細かな事情まで知っているからです。

たとえば、少し方向性が合わないとか、教育観が合わないという理由で仲がよくないという場合もあるでしょう。しかし、そこは「大人の対応」をしましょう。手助けを求める場面では、素直にお願いをすればいいだけです。そして、そのあとに、お茶菓子でも、飲み物でも渡してお礼をすればいいのです。もちろん、その学年主任が休んだら、全力でバックアップに努めましょう。

人間ですから、主義主張が合わないということもあります。もちろん、無理に合わせる必要はありません。そんなことをしていたら、自分のほうがおかしくなってしまいます。とはいえ、いい距離の取り方があるはずです。

仮に、主義主張の合わない学年主任が次の単元に関する話をはじめたとします。学年会議などの場であれば聞かざるをえませんが、そうでなければ、律儀に職員室に残って聞かなくてもいいわけです。

教室に行って仕事をする、体育倉庫などの掃除をする、近々行う学芸大会の準備のために体育館を見てくるなど、学校にはいくらでも仕事が存在しています。これらを理由にして、その場を離れればいいだけです。このような対処方法は別に失礼なことではありません。唯一気を付けるべきことは、理由を述べるときの表情です。説明をしなくても分かりますよね。

主義主張が合わない人に、それも上司に盾突いて、議論をふっかけているばかりでは雰囲気が悪くなるばかりですし、精神衛生上もよくありません。このような状況だと、お互いに歩み寄ろうとしていないわけですから、かわし方が大事となります。それに、教育論となると多々あるので、完全に一致するということはありません。

筆者の感覚でいうと、教育論は江戸時代の剣術論と同じくらい多いです。あの時代も、剣の使い方について、二天一流、柳生流、柳生新陰流、北辰一刀流などといったさまざまな流派がありました。そのどれもが、「自分を傷つけずに相手を倒す」ということにおいては共通していましたが……。

これと一緒です。学校の場合は、「子どもにより良い教育をする」ということに関しては共通しているでしょう。ですから、「毎日、他流試合をしますか?」という話なのです。もちろん、研究授業や校内自主研修授業、研修授業会などといった空間は、それぞれの主義、主張をぶつけ合って、より良い授業をつくっていくという場ですから問題ありません。しかし、普段の職員室で毎回それをやっていたらさすがに疲れます。

ですから、繰り返しますが、「うまくかわすことも大事」なのです。それに、毎回自分の主張をぶつけすぎてしまうと、「あの人は、人の言うことを聞かない頑固者」と思われてしまいます。

主義主張があるというのは結構なことですが、それを必要以上に押し通すと、必要とされる情報が入ってこなくなる場合があります。それとも、「そんな細切れの情報などなくても、自分には大情報源がある」と言い切りますか。恐らく、多くの教員はこのように断言することはできないでしょう。

学校には、学校ならではの情報があります。「成績表はいつまでに提出」だとか「研究紀要（学校の授業研究の成果をまとめた冊子）の原稿をいつまでに提出」、そして「次年度の引き継ぎのために教室の机を○○に移動しておくこと」などといった情報も、同学年の教員や学年主任から伝えられます。その時期に喧喧諤々としていたら、このような情報さえ入ってこなくなります。

もちろん、仕事ですから、どんなに嫌な人に対してもきちんと伝えなければなりませんが、やはり人間、「感情」という要素をもっています。頭では分かっていても、感情がついてこないという場合もあるでしょう。忖度する必要はありませんが、学年主任に対しては主義主張をぶつけすぎないようにしてください。

もし、「どうしても……」という場合は、十分な時間をとって真剣に話し合うべきです。さらに言えば、そのような場が多くなればなるほど、教育現場はより良い方向に改善されていくと思います。

先輩教員への話し方

職員室には、学年主任ではない先輩教員がたくさんいます。当たり前のことですが、この人たちにも、話しかけたり、助言を求めたいものです。それに、先輩教員には科目における専門分野があるものです。その専門分野に関する話をじっくりと聞いて、自分のなかに取り入れることができれば、仕事としてとてもプラスになります。

専門分野とは、国語、社会、算数といった教科のことですが、少し突っ込んで勉強されている人だと、国語の音読の仕方についての研究、作文の書き方についての研究、そして社会におけるグラフの読み取り方の研究など、細分化された知識をもっています。

実は、この人たち、後輩から話しかけられるのを待っているのです。なぜなら、ご自身が時間をかけて研究した指導法を、何とか広めたいと思っているからです。さらに、その指導法にどのような効果があったのかについても気になっているからです。たとえば、研究してきた指導法について、「一年生・二年生には通用するけど、四年生を超えると少し難しいかな」などと考えているわけです。

教育技術については、よほどのものでないかぎり、「誰にでも通用する」というものはありません。筆者が唯一例外になると思っているのは、「向山型跳び箱指導法」です。これは、誰にでもできます。この指導法は、これまでにさまざまな人に検証され、研ぎ澄まされた方法となっているからです（2）。

これ以外の指導法は、何かしら抜け道があり、「この場合は通用しない」とか「こういう条件ならばできる」などとなっています。ですから、研究している教員は、それをより多くの人に対して実践したいと思っているのです。たとえば、次のように質問をすれば、懇切丁寧に教えてくれるはずです。

「○○先生、ちょっとお話をお聞きしたいのですが、いいでしょうか。以前、作文指導において、クラス全員が原稿用紙四枚以上書いたという実践の話を聞いたことがあります。そのやり方ですが、教えていただけませんか?」

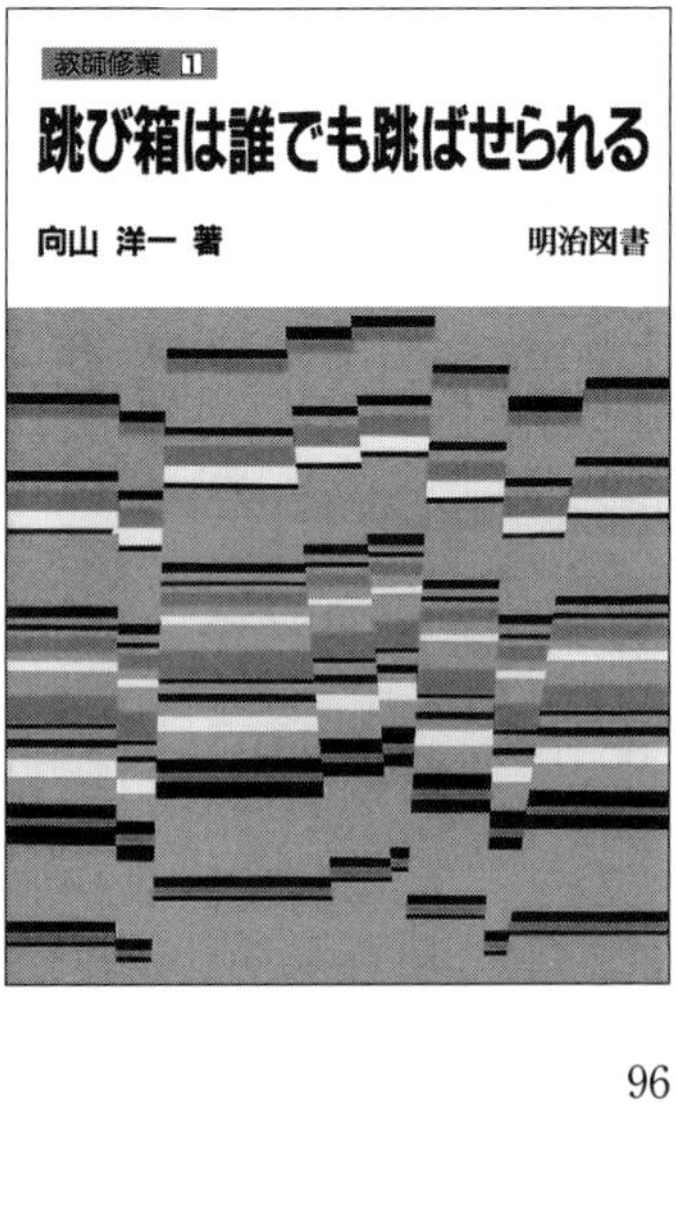

時には、ちょっとした研修時間のように、先輩教員の時間（放課後）を貸し切って話を聞くというのもいいでしょう。ひょっとしたら、「これ、そのときに私が使ったプリント

だけど、コピーして使ってみたら」などと、教材がもらえるかもしれません。

　このような場合、教えるほうも自らの指導法を振り返ることになりますから、どのあたりが伝わりやすいのか、逆に難しいのかを整理することになりますので、お互いにメリットが多くなります。

　若い教員は、先輩教員の得意分野を常に意識して、どんどん話しかけて、その技を盗んでいただきたいです。とはいえ、その場合でも注意が必要です。自分の学年主任や学年内の先輩教員を飛び越して、ほかの学年の先輩教員の話ばかりを聞いていると、あまりいい印象を与えません。人間関係の難しさ、と言えばそれまでですが、同学年の輪に加わらないで他学年の先輩教員とばかり話をしていると、「あいつは、いつも他学年の先生とばかり話している」と言われてしまい、学年内の重要な情報が回ってこなくなります。

　ここでも、コミュニケーション能力が問われます。学校の状況にもよりますが、もし小規模な学校で、二クラスしかない学校でそんなことをしたら、「せっかく大切なことを話そうと思ったのに、いつもいないじゃないか」と言われかねません。

（2）　向山洋一氏が開発した指導法で、一時間の体育の授業で、跳べなかった子どもも跳べるようになります。『教師修行1　跳び箱は誰でも跳ばせられる』（明治図書出版、一九八二年）を参照。

筆者が現在行っている方法は、細切れに同学年の教員と話すことです。たとえば、現在四年生の担任だとしたら、「○○先生、五年生の□□先生って、作文指導のご専門らしいのですが、ご存じでしたか？」と、自分が気になる情報を相手にも開示するのです。それから、「今度、四年生でも国語で作文の指導がありますよね。私、作文の指導についてあまりネタがないので、聞いてみようと思うんですが……」と話しておけば、五年生の教員と話すことが伝わります。そのうえで、次のように言います。

「何かいい指導法が分かったら、お伝えしますね」

ひょっとしたら、相手から、「ありがとう。実は、私も作文については困っていたんだ。一緒に聞いていていいかな」と言われるかもしれません。

少しの情報でも、相手にちゃんと開示すれば、お互いに不愉快な思いはしません。細かなことですが、そのことも頭に入れて先輩教員の話を聞きに行きましょう。

気を利かせる

「上司」と呼ばれる先輩教員は、想像以上に忙しいものです。それをふまえて、相談しなくてもできる仕事は進んでやっておきましょう。

たとえば、放課後に業者から教材が届いたら教室まで運んでおく、校外学習の連絡を入れておく、音楽専科の教員から予定表をもらって先輩の机に置いておく、体育館で特別講義があるのなら、事前に体育館用のマイクの点検をしておく、といったことです。

このような決まった作業をやっておくというのも、一つのコミュニケーション能力として大切なことです。ひょっとしたら、上司はあなたが参加しない会議に出ているかもしれませんし、出張に出ているかもしれません。そういったときに、できることはやっておくのです。ただし、あまりお節介にならない程度に。

これらの仕事、やってみると分かりますが、まずは自分の仕事を終わらせる必要があります。終わらないまでも、終わる見通しを立ててから取り組まないと、「○○さん、体育館の準備はありがたいんだけど、明日の会計報告の準備はできたの？　今日出さないと間に合わないよ」などと、ドキッとすることを言われてしまいます。

これでは、元も子もありません。自分の仕事を忘れることなく、相手に対して気を利かせる。そんなコミュニケーションがしたいものです。

ここまで、上司との「話し方」を中心にして述べてきました。読者のみなさんも、一つや二つは思い当たるところがあったのではないでしょうか。もし、「この程度のことなら、言われなくてもやっているよ」と言う人がいたら、よほどの達人です。職場での人間関係をかなりうまく築かれており、素敵な仲間とともに仕事をされていることでしょう。

筆者のように苦手な人は、一つ一つ経験を積み重ねる形で学んでいきましょう。「話し方」といっても、その範囲は広いです。すべてに気を配ろうとすると、自分のことが疎かになります。今日、これだけは伝えようというワンポイントを決めて、それについて上司に報告するという形を取って、一日一日積み重ねていくのです。これを繰り返すだけで、コミュニケーション能力は必ず高まります。ともに頑張りましょう。

第4章

子どもと話す

刺激を与えてくれる子どもたち

教師という仕事に就いた以上、絶対に避けられないのが子どもたちと話すことです。ここでは、子どもたちとどのように話していくのかについて語っていきます。

小学生であれば、子どもたちは教員に話したくて仕方のないものです。とくに低学年だと、「先生、先生」と言って、担任に近寄ってくる姿が毎日のように見られるでしょう。そのようなとき、いったい何を話せばいいのでしょうか。

先日、筆者の職場において、職員研修の一つとして「体罰研修」を行いました。「体罰」と聞くと、暴力を思い浮かべる人が多いことでしょう。確かに、それもありますが、実際に研修を受けてみると、次のような事例が挙がっていました。

「教師の膝の上に児童が乗った。そのことを児童が家に帰って親に話し、親からクレームの電話が入った」

こんなことでも「〇〇ハラスメント」となり、体罰になりかねないのだなあと改めて勉強になりましたが、いったいどうすればいいのでしょうか。そして、どのように話しかければいいのでしょうか。

筆者の体験上の話をすれば、まず、教員と子どもは友達ではないということをふまえておくことです。この点を勘違いして、学級経営がにっちもさっちもいかなくなったという教員をたくさん見てきました。

教員自身が、学生時代もしくは小学生時代に学校で受けてきたことに対する反発からか、「絶対いい先生になってやる。子どもの目線もしっかりと理解して、子どもから大好きな先生と言われたい」と思っている若い教員が多いようです。もちろん、悪いことではありませんが、馴れ馴れしい口調で、子どもと話している若手教員をよく目にします。

しかし、「話し方は人となり」です。筆者の若いころは、「三歩下がって師の影踏まず」などといった言葉をさまざまな機会で耳にしました。それくらい、教える人というのは尊い存在なのだ、と認識させられたものです。

念のために言いますが、教員を偉く見せようというわけではありませんし、あがめさせようというわけでもありません。あくまでも、「教える側」と「教わる側」、この区別だけはしておかないといけないと、最近、つくづく感じています。

プロ野球の世界でも、コーチや監督からのアドバイスを選手が聞かなくなることがあるようです。どのような場合か、分かりますか？

前年度まで、ある程度の実績を残してきたベテランや中堅の選手、ホームラン王や打点王に輝いたある選手が、ある日、コーチのアドバイスに対して、「なんで、あんたに言われなきゃいけないんだ」（落合博満『采配』ダイヤモンド社、二〇一一年、三〇四ページ）と、突っぱねたという話を本で読みました。得てして、こういう選手がいるチームにかぎって、なかなかAクラスにはならないようです。

評価を自分でして終わり、という状態では客観的な視点がもてません。さらに、上を目指すという向上心が欠けてしまうことにもなります。教育の現場も同じなのです。その一例を示しましょう。

子どもが帰るとき（二年生）

「また、明日も学校に来るね」と言って子どもが帰っていく――こういうクラスにしたいものです。ところで、読者のみなさんは、子どもが帰るときにどのように話しかけていますか？　ここでも、筆者の失敗談を紹介しましょう。

帰る時間に説教をしてしまいました。「掃除の時間に友達を叩いた」とか「宿題を忘れたのに、やってきたと嘘をついた」など、一日のなかで子どもたちはさまざまなことをしてしまいます。それらをどれだけ見取り、そして優しく声をかけていくのかが教員の腕の見せ所となりますが、若いときの筆者は、「今日一日のことを反省させよう」などと考えていました。

先の例のように、掃除の時間にAさんがBさんを箒で叩いたとしましょう。そんなことが起きたら、当然指導をするわけですが、指導後にも「恨みの根」のようなものをもっていたのです。「さよなら」と言って解散したあとに、「Aさんちょっといいですか」と言って呼び止めました。二年生くらいだと、このように言うだけでビクッとして担任のそばに来るものです。

「今日、掃除の時間にやったことですが、何が悪かったんですか？」

「本当に反省しているのですか？」

「Bさん、泣いていましたよ」

と、説教の再来です。言われたAさんは「早く帰りたい」わけですから、落ち着いて聞ける状態ではありません。それどころか、さっき怒られたことをまたぶり返すのか、という表情でした。

今思っても、「お前は教会の牧師か。そんなこと、掃除の時間に決着しとけ」と自分に言いたい気分です。幸い、このことでAさんが不登校になるということはなかったのですが、帰るときくらいは気持ちよく「さようなら」をしたいものです。

今はどうしているかというと、帰り際、話しかける子どもが活躍した場面を思い浮かべています。そして、「今日のサッカーのパス、よかったね」とか「今日の漢字テスト見事だったよ」などと、ひと言だけ投げかけています。そして、「また明日ね」と言って、下駄箱のところで別れています。

下校時ですから、子どももあまり長く話をしたくないはずです。すぐに帰らないと、歯医者に間に合わない、ピアノ教室に遅れるといった事情がある子どもが多いのです。だからといって、何も言わずに帰るというのも考えものです。ですから、ひと言、子どもが活躍した場面を思い浮かべながら言っています。

とはいえ、全員にひと言ずつ話すというだけの時間的な余裕はありません。そこで、帰るときには、教室でハイタッチもしています。

帰りの会のとき、全員がそろったのを見て、「今日、先生もとっても楽しかった」と言うだけで、長々と明日の説明などはしていません。そして、「一列目起立、さようなら」と言って、教室の出口で一人ずつハイタッチをするのです。こうすると、一人ひとりと会話ができたような気分になります。

すると、いろいろな子どもが出てきます。「先生、もっと高くして」と言って筆者の手に向かってジャンプする子ども、思い切り振りかぶって手をパチーンと叩いてくる子ども、合わせるように手を乗せてくる子どもなど、アイデアの豊富さに驚きます。そのたびに、「今日は、ここまでかな」と言って手を高くしたり、「お、元気がいいね」とか「はい、また明日ね」などと声をかけています。

いかがですか、「また明日も学校に来たいな」という気分になりませんか。読者のみなさんは、どのようなことをされていますか？

子どもは褒められたいと思っている（三年生）
――大人も同じですよね

子どもは、教室で褒められたくて仕方がないものです。

「今日は、机がピシッとそろっている。この列すごい、一〇〇点」

「今日の教室掃除、プロ級。黒板がすごくきれい。この班はクリーン会社だ」

このように、みんなの前で褒められる言葉に反応しますし、「〇〇さん、給食の準備が一番。すごい！」などのように、ある一人を褒めると驚くほどの反応を示します。もちろん、読者のみなさんにも経験があるでしょう。

このように言われると、話が弾むと思いませんか。先に述べたように、子どもと「友達」になるわけではなく、きちんとした「会話」ができているのです。

褒められると、人は「承認されている」と感じます。すると、承認してくれた人に対しては、いろいろな話をしてみようと、自分のなかにある「話すためのカード」を次々と出してくるようになります。

たとえば、「先生、アニメの話は知っている？」、「普段、どんな音楽を聴いているの？」、「昨日食べたサンマは美味しかったけど、そういえば、先生も魚が好きと言っていたよね。何が好きなの？」などといったように自分の情報をどんどん開示して、相手の情報を聞き出すようになります。要するに、褒めることからはじめると、どんどん話が広がっていくということです。

ある日、クラスに女子の転校生が来ました。転校生ですから、子どもたちには情報がまったくありません。どのようなコミュニケーションをとるんだろうか、どのような言葉を最初にかけるのだろうかと、観察していました。ここで言うコミュニケーションとは、最初の自己紹介とは別のものです。自然に、子どもが話しかけるという場面のことです。

すると、「その筆箱かわいい。どこで買ったの？」と、持ち物の話からはじめていました。言われた転校生も、嬉しそうに「かわいい？　そうでもないけど、去年の誕生日にもらったの」と話していました。そこから、その筆箱に描かれているキャラクターの話に広がっていきました。ちょっとしたことでも「褒める」というのは、人を嬉しくするものなんだなあーと、筆者も勉強になりました。

みなさんもそうじゃないですか。「今日の服いいね。どこで買ったの？」とか「その髪型いいね。爽やかだよ」と言われたことから話が弾むのではないでしょうか。そして、褒められた人は、さまざまな話題を出して、どんどん話したくなるものです。とくに、自分が尊敬する先輩教員や師匠から褒められた日には気持ちが高揚するものです。ですから、どんな些細なことでも褒めたいものです。

褒めることについては、歴史小説を読んでいるときに「勉強になった」と感じたことがあります。みなさんもおそらくたくさんの歴史小説を読まれているでしょうが、筆者は『徳川家康』（山岡荘八、講談社、一九六八年）を読んでいて、ふと疑問に思いました。主人公の徳川家康（一五四三〜一六一六）という人物についてです。さらに言えば、戦国大名全般に関する疑問でした。具体的には、徳川家康が本当にあの時代において最強だったのか、ということです。

ほかの大名や家臣に、家康よりも強い武力をもった人が何人もいたはずです。すべての武将に言えることですが、さまざまな技能をもった部下をまとめていたのが戦国大名です。

徳川家康像（狩野探幽画、大阪城天守閣蔵）

すごい猛者もいたでしょうし、荒々しい性格の武将もいたことでしょう。そんな彼らを、武力だけ、腕っぷしだけで抑えていたわけではないはずです。

こんな疑問を抱きつつ、読みあさっていました。さまざまなことを考えましたが、その一つが、「家康は褒め上手だった」ということです。褒美を与えたり、家禄を増やしたりして、家臣のモチベーションを上げていったのです。すると家臣たちは、「ありがたい、次はもっと」となったわけです。

何といっても小説の世界ですから、作者の創作が多分に入っているでしょうが、読んでいて違和感を抱かないわけですから、やはり「褒める」ことが大事であると学びました。

「どーせ、宿題を出さないから」（三年生）

この言葉、口癖になってしまっていると危ないです。いい意味でも悪い意味でも、子どもは教員の口癖に敏感です。そして、その言葉が理由で非常に傷つく瞬間があるのです。

宿題を毎回忘れる人、提出物を出さない人、給食時に着る割烹着を絶対に忘れる人、体操着を忘れて体育ができない人――教室には実にさまざまな子どもがいます。そして、教員のなかには、このような子どもに対して「許せない」と感じる人が多いようです。さらに、忘れ物の多い子どもや家庭に対して、やたら怒ってしまうのです。しかし、ちょっと考えてみてください。教員だって忘れ物をしませんか。

管理職に提出する書類、教育委員会に出さなければならない書類、うっかり提出期限が過ぎて謝りの電話をしたり、お詫びを言うことはありませんか。そういうとき、「すみません。忙しくてつい……」などと言っていることでしょう。管理職でも、教育委員会でも、「すみません。提出が遅れました」と言えば、大抵の場合、「いいですよ」と了解してくれるはずです。だとしたら、忘れてしまう子どもについても寛容になってほしいものです。

また、提出物や体育着など、子どもだけではどうにもならない場合があります。子どもがしっかりと家の人に伝えても、親が忙しく、つい書類を持たせるのを忘れてしまったということもあるでしょう。そういうときに子どもを責めてしまうとかわいそうです。だからこそ、寛容になりたいものです。

さて、見出しとして挙げた「どーせ、宿題を出さないから」です。この言葉は、筆者ではなく、かつてクラスが荒れてしまっていた同僚が発したものです。

この言葉で、どれだけ傷ついたことでしょう。確かにその教員は、毎日の宿題をきちんとチェックしていました。そして、宿題の内容もそれなりに考えたものが出されていました。ですから、当然のように忘れてくる子どもが許せなかったのでしょう。

朝の会で宿題チェックをしていました。そして、忘れた人は立たされます。そのとき、この教員は「どーせ○○さんは今日も宿題忘れたんでしょ」と言ってしまったのです。

さすがに、「これは……」と思ってしまいます。言われたほうはやる気をなくしてしまいます。それに、「宿題を提出する」ことがどれほど大事なことなのでしょうか？　学習指導要領に「宿題を課さなければならない」とは、どこにも書かれていません。むしろ、出さないほうがいいくらいです。それを、教員の裁量で出しているだけなのです。それだけに、宿題を提出できない子どもに、そこまで言う必要があったのかと疑問に思います。

このとき筆者は、音楽の授業のために体が空いており、「荒れているクラスがある」ということでヘルプに入っていました。この様子を見ていた筆者も、「どーせ」という言葉には驚きました。何しろ、たったひと言で信用していないということが伝わる言葉ですから、「自分は先生に信用されていない」と子どもが感じ、教員の言うことを聞かなくなってしまうというのもうなずけます。

とはいえ、この教員も手を尽くしてきました。それでも、常に裏切られてきたのです。弁護をするつもりはありませんが、そこは教員です。手を尽くしてもダメなら次の手、それでもダメなら三つ目、四つ目と、手を尽くす必要があります。でもダメというなら、考え方のシフトチェンジです。「別に、宿題が出せないくらい、どうってことないか」と。

子どものせいにして、本人の目の前で「どーせ」とは絶対に言わないようにと、このときに誓いました。

このように、たったひと言で相手から信頼を失うという恐ろしい言葉、悪口ではないので、つい口に出てしまいそうです。十分に気を付けて、子どもたちと楽しいコミュニケーションをとっていきましょう。

休み時間にこんな話をする（二年生～四年生）

子どもと話をしていると、実にさまざまなことが話題に上ります。もちろん、一番子どもが心を解放して話してくれるのは休み時間となります。そんな休み時間の話について述べていきます。

四月、学校がはじまって間もない日の休み時間、子どもたちは担任を独り占めしようと近寄ってきます。

「先生は野球をやっているんですか？　僕は、チームでピッチャーをやってるよ」

小学校のある地域には野球チームのある場合が多いですから、それに入っている子どもであれば、このようなことを言ってくるでしょう。

「先生、こんなことできる」と言って、すごい柔軟体操を見せてくれた女子もいました。また、「僕ね、僕ね、来週じーじ（祖父のこと）と箱根に行くんだ」と、旅行先を自慢してくる子どもなど、本当にさまざまです。すべて、新しい担任に対する、名刺代わりの「自己アピール」です。教員はというと、さまざまな自慢話、今度受けるテスト、旅先での出来事、飼っているペットなどについて聞くことになります。

筆者はこの手の話を面白いと感じてしまうのですが、読者のみなさんはどうですか？なぜ好きかというと、生《なま》の情報がいろいろと聞けるから面白いのです。

このとき子どもは、「今年は先生と仲良くなって、楽しい一年にしたい」と思っているわけです。もし、昨年、あまり楽しい思いをしていない子どもがいたとすれば、「今年こそ新しい担任に、私のことを好きになってもらいたい」と思っています。子どもからすれば、新しくはじまる一年がどのようになるのかと、このときの話にかけていますから必死です。ですから筆者は、あまり自分のことをアピールしないで聞き役に徹しています。

大人でもそうですが、きちんと聞いてくれる相手に話をするほど気持ちのいいことはありません。だから、「ほう、野球か」、「へえー箱根、いいねえ」などと相槌を打ちながら子どもの顔を見て、相手の言葉を繰り返しながら聞いています。

「聞く」という姿勢一つとっても難しいものです。こちらは熱心に聞いているのに、「なーんだ、興味がなかったのね」と、妻に言われてしまったことがあります。要するに、こちらの聞き方や態度からして興味がなさそうに見えたということです。このような反省から、「僕ね、野球やってるんだ」と言われたら、「ほう、野球かー」と、相手の言葉を繰り返すようにしています。

実はこの聞き方、相手の言葉（とくに最後）を繰り返すというテクニックは、『聞く力――心をひらく35のヒント』（阿川佐和子、文春新書、二〇一二年）から学んだものです。

さて、ひととおり話がすみ、こちらのことを気に入ってもらえると、「先生、何かして遊ぼう」と言われます。このときは、多少忙しくても（四月はとくに忙しいのですが）遊ぶようにしています。その際は、特別な道具を用意しなくてもできる遊びが好ましいです。読者のみなさんは、こういうときのためにどのような遊びのネタをもっていますか。なるべくなら、パッと出るようにしているといいですよ。

私のもちネタをいくつか紹介しましょう。

手押し相撲――二人が足をそろえて向かい合って立ち、手で相手の手を押して、よろめかせるという遊び。

叩いて守ってじゃんけんぽん――目の前に紙を丸めた棒と、かぶるものを置いておき、じゃんけんをします。勝ったほうが棒を取って相手を叩き、負けたほうは頭を守ります。あまりムキにならないように。

まるばつゲーム――二人でしますが、黒板やノートに九個のマスを書いて、○と×を順番に書いていきます。たて、よこ、斜めに三つそろったら勝ちというゲームです。

マジカルバナナ――何人でもできます。「バナナと言ったら滑る」、「滑ると言ったら氷」のように、いろいろなものを連想していくゲームです。言い淀んだり、まちがえたら負け、というゲームです。

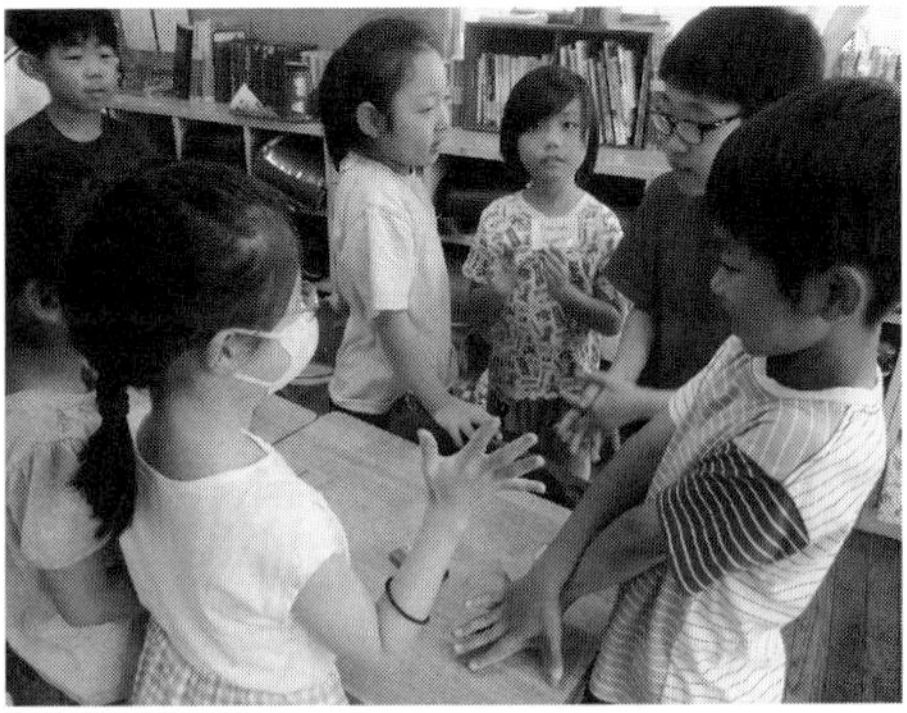

パチパチセブン

パチパチセブン――三人以上で行います。順番に数字を一つずつ、「１、２、３」と言っていきます。もし、自分の番が来たときに「７」や「７の倍数」、そして「17」のように「７」に関係する数だったら、数を言わずに「パチン」と手を叩きます。叩き忘れたり、叩く場面ではないところで手を叩いたら負けとなります。

　このような遊びをやっているわけですが、話をしていると休み時間というのは短いものです。二〇分もあればいいほうです。もちろん、トイレに行ったりもしますので、実際は一〇分ぐらいしかないでしょう。このように短い時間のなかで子どもたちと楽しく過ごすために、筆者が人から聞いたり、調べたりしたネタです。手軽に楽しめる遊びをほかにご存じの人がいたら、ぜひお教えてください。

　さて、このような遊びですが、あくまでもコミュニケーションをとるためのものです。少し強いところを見せたりはしますが、わざと負けたり、引き分けたりもしています。ただし、子どもの様子によっては、あえて勝ち、「チクショー、次は勝ってやる」などと、子どもの負けん気を誘ったりもしています。

　もし、あまり休み時間にされたことがない人がいたら、ぜひ、このような遊びをしてみてください。結構楽しめますし、教員にとっても心の安定につながります。

月曜日の朝は、とくにしっかりと顔を見て話す（四年生）

月曜日の朝、うまくいっているクラスでも、そうではないクラスでも、「学校か……行きたくないなー」という心の声が日本の空にこだましていることでしょう。もちろん、大人も同じはずです。ですから、「月曜日に学校に来る」という高いハードルを越えてきたと思って、子どもたちを迎えるようにしています。

しかし、自分の子育て時期には「迎える」ということができませんでした。保育園まで子どもを送ってから教室に入ると、すでに多くの子どもたちが来ていました。そのような日の第一声は、「おはようございます。もう夏だね」とか「おはようございます。今日もよろしくね」などと言い、笑顔で教室に入るようにしていました。

ただでさえ「学校、嫌だなー」という気分で来ている子どもが多いのです。とはいえ、それに対する根拠はほとんどの場合ありません。だから、教師の明るさでそのような気分を吹き飛ばす声かけが必要だと思っています。そして、授業中や休み時間にも、どんどんポジティブな話をしていきます。

すると、子どもたちのほうから、週末にあったことをどんどん話してくるようになります。もちろん、全員ではありませんが、多くの子どもたちは週末に家の人や地域の人たちと触れ合っているはずです。筆者の経験から言うと、地域における子ども会の餅つき大会、お祭り、学童野球の試合、ダンスの発表会といったものに招待されて参加したこともあります。そうしたときの嬉しそうな表情は格別です。「学校ではそんな笑顔を見せないのに」という子どもまで、大いにはしゃいでいました。

それほど、週末は大切な時間なのです。何といっても、その時間に心の栄養を補充してきたわけですから、月曜日にわざわざそのような感情を壊すことはありません。

もちろん、月曜日に連絡帳を受け取ると、そこには週末に起こったトラブルが書かれてあり、指導をしなければならないという場面もあります。しかし、朝一番から指導をしなくてもいいのではないでしょうか。一時間目の学習が終わってから話を聞く、悪いところがあれば指導をする、という対応で十分だと思います。

子どもの感情を考えると、月曜日の朝は大切だということです。ですから、月曜日の朝から提出物のチェックとか宿題のチェックという状況は極力つくらず、まずは笑顔で子どもたちと話をしたいものです。

そのとき、とくに顔色を見ています。話しかけてくる子どもは、週末にたくさん楽しいことがあったはずですから、ただ聞いてあげればいいのです。「そうか、羨ましいな」とか「そんなところに行ったの！　そういえば、先生も昔行ったよ。いいところだったなあ」などと共感してあげるのです。

一方、あまり顔色がよくない子どもに対しては、一日中、観察するようにしています。場合によっては、「どうしたの？」と声をかけることもありますが、あくまでも子どもの様子を見て行うようにしています。常に話しかけられるのを待っているとはかぎらないからです。そっとしておいてほしい、ということもあるのです。

この日は月曜日です。顔色が優れない子どもも、友達と話すうちに嫌なことを忘れるという場合が多々あります。まさに「時間が解決する」のです。ですから、無理に介入して、「問題を解決してあげよう」と意気込まなくてもいいということです。

もし、どうしても顔色が優れないような子どもがいれば、そのときには声をかけるか、保護者に連絡をして原因を探ります。すると、意外なことが分かるかもしれません。

子どもたちと接していて勉強になったのは、「聞く」という姿勢です。とにかく、子どもは「話を聞いてほしい」と思っているのです。前述したように、教師にさまざまな質問をしてきます。

「先生、何色が好き？」と聞かれて答えると、即座に「わたしね、紫が大好き。だから筆箱も鉛筆も紫でそろえているの。今度の誕生日には……」と、自分の話をしてきます。なかには、「先生、何色が好き？　私はね……」と、こちらが答える前に自分のことを話し出す子どもがいるくらいです。

そのくらい、話を聞いてほしいのです。

ですから、明るく聞いてあげること、共感してあげることが、子どもとのコミュニケーションにおいてはとくに重要であると思うようになりました。教える立場の筆者が教えてもらったという「最良の例」とも言えます。

子どもと友達感覚の教員（四年生）

教員と子どもが友達のような言葉遣いを毎日のようにしていると、いったいどうなるでしょうか。何日かは仲良く過ごすでしょうが、ある日、子どもが廊下を走った場面を見かけたとします。もちろん、危ないですから注意をするでしょう。しかし、日頃から友達のような口調で話している間柄です。帰ってくる言葉は次のようなものになるでしょう。

「なんで、そんな堅いこと言うの。それじゃあ、去年の○○先生と一緒だよ」

教員の威厳がかすかに落ちはじめる瞬間です。

そんな場面で教員側が改めるのならばまだいいのですが、「だめだ……。もっと子どもの視点に立てる先生にならなくては……」などと勘違いしてしまう若手教員がいるのです。

つい、「ごめん、ごめん。次は気を付けるね」などと謝ってしまいます。すると、廊下を「走る行為」を認めてしまうことになってしまいます。

ここから悲劇がはじまります。子どもの要求が加速していくわけです。

「先生、〇〇さんが走ったんだから、僕も走っていってもいいよね」

休息時間に、廊下を楽しそうに猛ダッシュする子どもがたくさん出てくることでしょう。すると、同僚から注意を受けることになります。

「廊下を走るのはやめさせてくれないか。うちの教室の前も走っていて、危ないよ」

踏んだり蹴ったり、という状態です。子どもからは軽く見られ、同僚からは注意を受け、指導力を問われてしまうのです。仕方なく、再び子どもに注意しても、返ってくる言葉は次のようなものとなるでしょう。

「この前も言ったでしょ。やっぱ、去年の先生と一緒か……」

「ちょっと、うるさいよね」

このような言葉がさらにエスカレートし、子どもが教員のことをバカにしはじめるのです。

「算数の授業つまんない。ほかのことやっていい」

「ギガ端末（配布してあるパソコン）でユーチューブを調べていい？」

「授業の課題終わったから、好きなアイドルについて検索してもいい？」

今の時代ですから、このような要求も出てくるでしょう。

当然、教員としてはそれを認めるわけにはいきませんが、前述したような会話を普段からしている教員の注意を果たして聞くでしょうか。少し注意をすると「えっ、やーだ」、さらに注意すると「うざい」とか「どっか行って」などと言われ、もう人間関係はぐちゃぐちゃになってしまいます。

そして、授業が終わったあとの職員室で、同僚や学年主任から再び注意を受けることになります。

「あなたの教室、子どもが好き放題やっているよ。大丈夫なの？」

「もっと、きちんと指導をしてくれませんか。テストをやっていたのに、うるさくて集中できないんです！」

職員室では謝りつつ、次の日に再び教室で注意をすると、「うるさい」、「どっか行って」などと、子どもたちは聞く耳をもちません。こうなると、精神的に病んでしまいます。

四月の始業式で見た素直な子どもたちはいったいどこに行ったのだろうか……。

私と一緒に学習を楽しみにしていた子どもたちはどこに行ったのだろうか……。

すべての原因は、教員の言葉遣いから発していることなのです。

教育現場も変わってきました。これまでのように、教員が「教える」というスタイルから、子どもたちにさまざまな事例を「考えてもらう」ことによって学ぶという授業スタイルになってきています。教壇に立っている教員が言ったこと、黒板に書いたことを一つ残らずノートに書いて覚えるといった授業から、教員が出した課題に対して、子どもたちが知恵を絞って考えを出すという授業になっています。

筆者の感覚でいうと、教員の役割がクイズ番組の司会者のような存在になることさえあります。出されたクイズ問題を回答者が次々に答えていくというものです。それを行うことで、考えが深まっていくといった授業です。

しかし、あくまでも教員と子どもは「同一線上にはいない」ということを自覚しておかなくてはいけません。そのためにも、教える側がさまざまなことに思考をめぐらせる必要があります。

安全面はこれでいいのか、もっと読みやすい教材はないのか、漢字を読むのが苦手な子どものためにルビがふられた教材も準備しておかなければならない、などです。このようなことにまで配慮している教員であれば、子どもと同一線上にいることにはなりません。まずは、そのことをしっかりと自覚して教室に入りましょう。

話すことと注意をすること（五年生）

教室にはたくさんの子どもがいます。地方にある学校では、クラスに子どもが一人というところもありますが、都会にある多くの学校の教室には三〇人以上の子どもがいるはずです。多くの子どもを前にして、話し方に慣れていない教員だと、つい子どもを管理しようとしてしまいます。

廊下に出たときにはきれいに並ぶ、朝の会のときには静かに話を聞く、授業がはじまる前は静かに待つ――このようなことを求めるがゆえに、子どもを「管理」しようとしてしまうのです。すると、普段の言葉も、「話す」から「注意」という感じになってしまいます。たぶん、目つきも厳しいものになっていることでしょう。果たして、このような状態でいいのでしょうか。

子どもが教員の言うとおりにすれば、前節で説明した教員のように子どもと友達になろうとして失敗をすることもなく、学級経営（担任が教室を運営すること）はうまくいっているように見えるはずです。とりあえず教員の話を聞いていますし、子どもはきちんと席に着いているわけですから。

しかし、子どもの顔をよく見てください。また、担任の顔を想像してください。子どもたちは、どのような表情をしていますか。怒られまいと、ビクビクしているのではないでしょうか。一方、担任はどうでしょうか。常に、「子どもが何か悪いことをするんじゃないか」というように、監視するかのごとく見ているのではないでしょうか。仮にそうだとすると、教職の楽しさを感じることはないでしょう。

このような場合、担任は日々注意をしているだけなのです。その結果、担任の言葉に屈服する子どもが育ち、統制されていくことになります。言うまでもなく、教室は刑務所ではありません。

一歩下がって考えてみてください。なぜ、このように監視をするのでしょうか。それは、近くを通った同僚から、「〇〇先生のクラスはいつもピシッと歩いていますね」とか、管理職から「〇〇先生の教

教室は刑務所ではない

室はきちんと統制が取れていて素晴らしい」などと言われたいからですか。もし、そのように言われたとしても、それらの声は本心からのものでしょうか。そして、それが教室として本当に正しい姿なのでしょうか。筆者は大いに疑問です。

このような状態、教室というよりは軍隊に似ていませんか？　軍隊では、上官の指示のもと、一斉に動くことが任務となっています。刻々と変化する戦場などにおいては、そうしないと大勢の人が命を落とすこともあるのでしょう。しかし、ここは教室です。誰かと戦争しているわけではないのです。では、どうすればいいのでしょうか。

注意をするよりも、「話す」ほうにシフトチェンジすればうまく回ります。たとえば、授業の開始前です。多くの子どもがざわついていることでしょう。しかし、そのような状況においても、きちんと次の授業の準備をして待っている子どもがいるはずです。

そのような子どもを見つけて、「すごい、〇〇さん。次の授業準備がきちんとできている。一〇〇点！」などと言えば、それを聞いて、羨ましく思う子どもが出てくるでしょう。そして、「次は僕が一〇〇点をとるぞ」といった意識で待っている子どもを見逃さないようにするのです。

次の授業がはじまる前、同じくざわついている教室のなかで、先ほどはおしゃべりをしていたAさんが、机の上にピシッと教科書とノートを置いて、担任に目を向けて待っていました。

「お、今度はAさんが準備一〇〇点。すごいなあ、その準備、まるでエジソンだ」

次に出てきた準備一〇〇点の子どもには、「うわ、またすごい。その準備、まるで北里柴三郎だ」などと、どんどん偉人の名前を挙げていきます。五年生くらいだと、偉人の名前もかなり知っています。すると、「先生、今日は僕がエジソンになるから見ていてね」とか「先生、今日、わたしキュリー夫人みたいになるからね」などと言ってくるはずです。担任に対してはどうか分かりませんが、「偉人」に対しては、子どもたちは尊敬の眼差しを送るものです。

「これも管理じゃないの」という意見があることでしょう。確かに、管理かもしれませんが、担任が監視している状態よりは自発的に動いていると思いませんか。担任の怖い顔を横目で見つつ、ビクビクしながら生活をするよりも、「今日こそ僕が……」というように、子どもが生き生きしているように思えませんか。このような状態が、「子どもに話す」ことになると思っています。

教員であれば、「子どもに話す」ための手法をいくつかもっておきたいものです。それこそが、一般の大人が注意する場合とプロの教員が行う指導との違いです。

これは言わないほうがいい――反省（六年生）

子どもたちと接していると、会話のなかで「しまった！」と思う言葉をついつい発してしまい、後悔することが多々あります。言ってしまったことで、一瞬にして信頼関係が壊れてしまうようなことです。もちろん、筆者のようにそそっかしい人はあまりいないでしょうが、「いや、実は……」という人のために、傷つけるつもりじゃなかったのに傷つけてしまったという筆者の失敗例を紹介します。

高学年の女子に対して、呆れたように「はあー」と言ってしまったことがあります。このひと言で、一年間、信頼を取り戻すことができませんでした。このときの状況を説明すると、この女子は、宿泊行事のための重要書類を何度も何度も忘れてきました。最初は、

「今日、持ってきたかな?」と、にこやかに尋ねていました。

「すみません。忘れました」

「ならば、明日持ってきてください」

といったやり取りが三日連続で続きました。宿泊行事ですから、この書類が提出されないと行けないのです。もちろん、家庭にも連絡しましたが、こういうときには時間がかか

るものです。全員の書類がそろっているのかと綿密に確認してからでないと家庭に電話連絡ができないからです。そして、次の日、当然のように書類を持ってくるものだと思っていた筆者ですが、この子どもは持ってこなかったのです。

「○○さん、お手紙持ってきたかな？　昨日、家にも電話したんだけど……」

「あ、お母さんが下駄箱に置いてくれたのに、持ってくるの忘れました」

これを聞いた筆者、思わず「はあー」と言ってしまったのです。このひと言で、一気に子どもの顔が変わりました。言うまでもなく、信頼関係が崩れたような顔です。それ以後、この子どもは、筆者の話に対して素直に向き合うことはありませんでした。

多感な時期です。子どものミスではありますが、もう少し違った対応があったと反省しています。もちろん、この言葉、今では言わないようにしています。

本章では子どもと話すことについて述べてきましたが、教職に就いているみなさんであれば「当たり前」のこととなります。筆者が声を大にして言いたいことは、「楽しんでください」ということです。威厳を示すのではなく、そうかといってへりくだるわけでもなく、教員という立場を自覚して、楽しいコミュニケーションをとりたいものです。

今日も子どもたちは、学校でみなさんと話をする場面を楽しみにしているはずです。

第5章

学校外の人と話す
——旅行会社、教材屋、見学先、地域の方々

地元の喫茶店「麓山《はやま》」でマスターと話す筆者
住所：〒214-0034　神奈川県川崎市多摩区三田１－８－10
TEL：044-933-0885

子どもたちがとても楽しみにしているのが遠足です。多くの場合、「校外学習」と言っています。子どもたちは、バスや電車を利用してみんなで出掛けるとか、お弁当を食べるのが楽しみといったことなど、教師のねらいとは違うところに楽しみを見いだしているわけですが、ご存じのように、これも学習の一環です。ですから、何を勉強するのか、どのような教育的効果があるのかついて、きちんと考えて取り組む必要があります。

さて、このような機会になると、バス会社の人など、学校外部の人と話をすることになります。いったい、どのような話し方をすればいいのでしょうか。このあたりについてもしっかりふまえておかないと、「井の中の蛙大海を知らず」と言われてしまいます。

都内見学のことで旅行会社の人と話す（六年生）

校外学習を計画して、それについて旅行会社の人と話をするわけですが、当然、バスで移動することを想定して当日の行程を確認していきます。多くの場合、旅行会社がバスを手配し、学校にバスが配車されることになります。ですから、筆者の場合、まずは旅行会社に連絡を入れてこちらの計画を話すようにしています。

六年生の都内見学においてバスで移動する場合は、いくつかの見学ポイントを教師が準備することになります。たとえば、次のようにです。

——日本の政治の中枢部分である国会議事堂を見学して、その中の様子を見学しながら政治について学ぶ。その後、バスで皇居の周りを回ってもらい、旧江戸城の堀を見ながらその規模を知り、歴史の学習でやった江戸幕府の中枢部分を体感する。それから、北の丸公園に行ってお弁当を食べる。昼食後、再びバスで移動して東京タワー方面に向かう……。

要するに、見学先に合わせてバスを走らせてもらうことになるわけですが、その際、みなさんは、旅行会社の人に回る場所だけを伝えていますか。それとも、その目的までも話していますか？

国会議事堂

わざわざ答えるまでもないでしょうが、目的などについても話しておいたほうがいいでしょう。筆者の場合、同じ市内にある旅行会社に連絡していますから、担当者に学校まで来ていただきます。そして、校外学習の計画案を提示して、何を意図して見学するのかを伝え、具体的に回りたい場所を提示しています。

読者のみなさんのなかには、電話やメールのやり取りだけですませている人もいらっしゃることでしょう。どうして、そのようにされているのですか?

確かに、そのほうが時間は短縮されるでしょうが、場所などの詳細についてはお互いに確認することができません。それ以外にも、話しておいたほうがいいと思われることがたくさんあるはずです。

旅行会社の人は旅行のプロです。都内へバスを走らせるにしても、団体から五～六人の旅、そして個人を対象にしたさまざまな旅行について熟知していますし、そのプランもたくさんもっています。それらのノウハウを引き出すチャンスでもあるのです。

旅行会社の人に来校していただき、計画を話したときのことです。

「すみません。国会見学をしたあと、皇居の周りをバスで回ってほしいのですが……。実は、子どもたちに江戸城の規模を見せたいのです」とお願いしました。そうしたら、次のように提案されました。

「それでしたら、時間的に余裕がありそうなので、皇居の前まで入ってはどうでしょうか。本丸跡のところまで歩いていけますし、散歩コースにもなっていて、いろいろな人が見学していますよ。バスを北の丸公園に停めて、そこから歩くことになりますが、だいたい一五分で行けるでしょう」

若いときの筆者は、旧江戸城の敷地内に入れることさえ知りませんでした。そして、このとき、自分の知っている情報よりも旅行会社の情報を引き出すほうが子どもたちの学習にとってはプラスになることを知りました。

見学先とされるところに関して精通されている人ならばともかく、筆者のようにそそっかしい性格の場合は、顔を合わせて話をしたほうが圧倒的にいい場合が多いものです。このように述べる理由は、二〇二三年までのコロナ禍の影響もあって、現在においてもリモートでの仕事が学校現場では多くなっているからです。

人に会うということは、その場所まで行く時間、話す時間、帰ってくる時間と、電話などに比べると二倍も三倍も時間がかかりますが、直接会って話すという行為は、「そこにしかない情報に出合える」チャンスだと痛感しています。ですから、できるだけ対象者に会って話すように普段から心掛けています。もっとも、このときは来ていただいたわけですが……。

市内見学について話す（四年生）

四年生の担任となって、川崎市内の見学をしたときのことです。このときは、先ほどの都内見学とは違って、教員が知っている場所を見学することになります。たとえば、「多摩川」、「二ヶ領要水」、「藤子不二雄ミュージアム」など、すべて一度は行ったことのある場所となりますので、わざわざ旅行会社の人に会わなくても場所の確認さえできればいいいと思ってしまうところですが、やはり実際に会って、地図を前にして話しておいてよかった、という例を紹介しましょう。

川崎市の市長が聞けば「お怒り」になるかもしれませんが、川崎市内には観光名所がありありません。ですから、バスを停めるにしても、必ず駐車場があるわけではありません。場合によっては、離れたところにバスを停めてもらい、そこから子どもたちを連れて多摩川を見学するといったことも起こります。

ある日の校外学習のときには、車椅子を利用している子どもが含まれていました。そうなると、多摩川を見学するだけでも事態がかなり変わってきます。言うまでもなく、近場に駐車場がないと移動がかなり難しくなります。いくら知っている市内だとはいえ、どこにバスを停めるのがベストなのかについては、教員よりも旅行会社の人のほうがたくさんの情報をもっています。また、バスのような大型車両の場合、通行許可書を必要とする道もありますので、やはり旅行のプロに任せるほうがいいです。

このときは、もちろん、車椅子を利用する子どもがいることを事前に伝えています。多摩川を見学するわけですから、街道沿いにバスを停めてもらったほうがいいわけですが、何といっても街道です。交通量が多く、大型バス四台を長く停めておくことはできません。さすが旅行会社の人です。次のような提案をしてくれました。

「では、踏切を渡ったところにバスを停めます。ここだと交通量がさほど多くありませんから、結構長い間停車することができますので」

申し分のない、的確な場所を指定してくれました。少し子どもたちは歩くことになりますが、落ち着いて降車できますし、多摩川まで安全に歩くことができました。

ちょっとショックだったのは、筆者が通

二ヶ領要水 ©cory

勤で通る場所だったことです。もちろん、バスを停められるという認識はありませんでした。このようなことも、直接会えば分かるのです。教員は、人に話すというのが仕事です。子どもだけでなく、さまざまな人に対してもどんどん話していきたいものです。

見学先となる施設の人と話す（四年生）

四年生になると、社会科において自分が住んでいる都道府県のことを学習します。筆者の職場は神奈川県にありますので、ここでは箱根を見学したときの話をします。

川崎市からだと遠いところとなりますので、当然、旅行会社に依頼してバスで行くことになりました。事前の打ち合わせの際に、「なるべく富士山が見えるコースを通ってください」とお願いしたところ、高速の出口を出たあと、わざわざ少し先まで進んで、富士山がくっきり見えるところを走ってくれました。もちろん、子どもたちも大喜びとなったわけですが、するどい四年生、車内で疑問を投げかけてきました。

「先生、どうして静岡の富士山がここで見えるんですか？」

この子どもは、静岡県と神奈川県が独立した位置関係となっており、静岡県にある富士山がこんなにも大きく見えるはずがないと思っていたのです。筆者は、次のように答えました。

「いい質問です。見えるということは、静岡県と神奈川県はどういう位置関係なんでしょうか？」

するとと、すぐに切り返してきました。

「そうか、隣にあるんだ。ということは、神奈川の左（西）に静岡があるということですか？」

このような会話だけでも、地理の勉強になっています。富士山一つで、この子どもの頭のなかには、自分なりの地図ができあがっていたことでしょう。

さて、この日は現地において寄木細工の体験学習をすることになっていました。もちろん、事前の打ち合わせがとても大切です。

箱根の旧街道沿いには、「畑宿」という宿場跡があります。そこには、「畑宿寄木会館」(1)という施設があります。ここでは、寄木細工の作品や制作工程の見学などができます。子どもたちに体験してもらうため、下見に行った際に打ち合わせをしています。制作体験用に、簡単なキットから結構手間のかかるキットまで用意されています。四年生の場合、ど

（1）〒250-0314　神奈川県足柄下郡箱根町畑宿１０３　電話：0460-85-8170

れができるのか、と打ち合わせたわけです。

「当然、やっているよ」という声が聞こえてきそうです。されている人であればお分かりのように、実際に足を運んで話を聞くと、必要とされる情報以外にもさまざまなことが得られます。このときは、そのご主人から寄木細工の削りカスと、それを固めるためのクジラ油までいただきました。

こうした実物資料を子どもたちに見せると、想像以上の効果がありました。こうしたことも、直接会って話したからこそ得られる特典なのです。

後年、畑宿寄木会館には、異動先の学校でも行くことになりました。この学校は大規模校だったため、制作体験ができませんでした。そのため、キットだけを購入して学校でつくることにしました。

現地に足を運べば、子どもたちにできることが見えてきます。もちろん、見学予定施設の人と話をす

畑宿　©アイマイミ

ることになりますので、知らないことが学べますし、とても楽しくなります。読者のみなさんも、実際に現地に行って話をしてみましょう。学習における発見だけでなく、あなた自身の教養を高めることにもなります。

何を見せたいと考えているのか（二年生）

学校を出て見学に出掛けるわけですから、なにがしかの目標が必要になります。たとえば、「町探検」という生活科の学習を二年生で設定したとしましょう。自分たちの町を見学することになりますので、もちろん、バスや電車は使いません。言うまでもなく、町にはお店や農家がありますので、そこに問い合わせて、見学させていただくことになります。何となくぶらぶら歩くだけ、何となくお店を見るだけでは学習になりません。

読者のみなさんは、このような学習のとき、どのような「ねらい」を設定していますか？「ねらい」というと、道路を歩くときのマナー、隣の人と手をつなぐなど、安全面や子どもを管理するためのことがよく話題に上りますが、ここで言っているのは学習上の「ねらい」です。何を学び、どのような学習効果があるのか、ということです。

筆者が立てた「ねらい」は、「町のなかで働く人を見よう」、「お店に、働く人は何人いるのかな」というものにしました。

二年生なので、あまり細かなことを設定するとついていけない子どもが出てきます。たとえば、「働く人の工夫を見つけよう」などとすると、「工夫」とは何なのか、働く人の工夫とお店の工夫に違いはあるのかなど、事前に想定しておく必要が出てきます。

仮に、ケーキ屋さんなどに行ったとき、「ケーキが見やすいようにガラスケースに入っていることは工夫になるのか？」といったあたりまで突っ込んで考えておかないと、学習活動があやふやなものになってしまいます。二年生の生活科ならば、もっと的を絞った発問をするべきでしょう。だからこのときは、「お店、働く人は何人いるのかな」を学習の目的としたわけです。

お店に入った途端、子どもたちは目を皿のようにして店員さんを見ています。そして、すぐさま数えて報告してきます。

「先生、五人いたよ」

「いや違うよ、カウンターにいた人は五人だけど、奥から出てきた人がいるから六人だよ」

「奥にケーキを焼く機械があるから、そこにも何人かいるよ」

このように、店員さんがどこで働いているのか、奥にはどのようなものがあるのかなど、教員が尋ねなくてもどんどん探し出してきます。

そのうち、「先生、あの、お店に出ている人、服の違う人がいるよ」と、気付いたことを言う子どもが出てきます。お金を受け取っている人と、奥でケーキを焼いている人の服装が違う――これに気付いてくれると、教員としてはしめたものです。このときは、すぐさま「お店の人が着ている服は何種類ありますか？」と尋ねました。

このように、子どもの気付きによってお店のなかにはどのような仕事があるのかを発見していくわけですが、この「気付き」を生み出すためにも、事前にお店の人と打ち合わせをしておく必要があります。

「お店の奥にある、オーブンなども見学させていただけませんか？」

「できれば、道具置き場なども見せていただけるとありがたいのですが……」

このようにお願いしておくのです。もちろん、営業をしているわけですから、快く受け入れてくれるとはかぎりません。ましてや飲食店であれば、衛生面で気を遣う場所がありますから、そこに小学生が入ることを嫌がるところもあります。多少迷惑なことをお願いしていることをふまえて、教員側も行動をしなければなりません。

「地域にいる子どもの教育のために、ぜひお願いします」

このような言い方だけでは快諾してくれないということです。筆者も、かつて言われてしまいました。

「先生、もちろん協力はするけど、子どもにきちんと指導してから来てください。以前、おたくの小学生がうちの商品に穴を開けて帰ったので……」

このような話を聞くと、申し訳ない気持ちでいっぱいになります。ですから、お店と事前に打ち合わせをするときには、同じ学年を担当している教員も一緒に行くようにしていますし、見学の依頼をする前に、そのお店の商品をいくつか買うようにしています。

「いつもお世話になっています。二年生の見学についてお願いにまいりました。その前に、このパン八個ください」と言って、お店の商品を買うのです。まずは最低限の礼を尽くしてから、「お店の奥まで見せていただきたい」とか「オーブンのところも見られませんか」などとお願いしたほうが承諾は得られやすいものです。お店側が、商売の時間を割いて見学の相談を受けたり、小学生に対して説明してくれるという善意を絶対に忘れてはいけません。

余談として言うと、「子どもたちに何を見てもらいたいのか」という視点でお店を見ると、自分が商品を買うときの視点が変わってくることに気付くはずです。

以前、魚屋さんに見学依頼で伺ったとき、「このサンマをください。ところで、どうして魚は頭を左側にして陳列するんですか?」と尋ねたことがあります。一瞬、キョトンとしたご主人ですが、快く次のように答えてくれました。

「よく気付いたね。左は『日出り《ひで》』(2)から来ていて、昔から縁起がいい向きとされているんだよ」

このあと、魚に関するさまざまなレクチャーを受けて、授業でとても役に立ったことがあります。

もちろん、お店の方も「子どもたちの教育に協力したい」と感じていらっしゃるわけですが、本業をひとまず中断して、こちらの話に耳を傾けてくださるのです。教員のほうも、ぼーっと聞くわけにはいきません。

「何でこの位置に置くんだろうか？」とか「どうして、この高さなんだろうか？」などと疑問に思いながらお店を見たり、話を聞けば、学習面で活かせる

(2)「ひだり」という言葉の語源は「日の出の方（ひだり）」にあり、南を前面にした場合、太陽が昇る東側が左に当たるのがその理由というほか、魚の頭を左にして置くと右上がりの曲線になるからという説もあります。

魚屋さん

ことがたくさん出てきます。さらに、このような疑問をもって話を聞くと、また違った視点が見えてくるものです。何事においても、少し意識を高めて話を聞きたいものです。

教材屋さんと話す

話をするとき、「なにがしかの視点をもって話す」こと、これが大切だと考えています。学年の初め、各学校では「教材」と呼ばれる、市販テスト、ドリル、音読詩集、理科の実験セット、図工の工作セットなどの見本が教材屋さんから運ばれてきます。それらを見ながら、どれを購入して、子どもと一緒に学習するのかを決めていきます。

このときも、ただ「これは面白い」とか「これはやりやすい」といった理由だけで選んではいけません。授業で使うわけですから、運び込まれた教材をただ見るだけではなく、次のような視点が必要になります。

「テストの回数を減らした（増やした）ものをください」

これは、市販テストの教材を選定しているときに発した言葉です。担任をしている学年の子どもたちの実態、または担任集団でやりたいことをある程度考えてからテスト教材を選んでいるときのことです。市販テストには、学習単元ごとのテストが入っていました。

三年生の国語のテストを例にしますと、読み取り教材の「きつつきの商売」からはじまって、「漢字の音と訓（言葉の学習）」、「もっと知りたい友達のこと（話す・聞くの教材）」、「こまを楽しむ（説明文の学習）」、「気持ちをこめて『来てください』（手紙を書く学習）」と続きます。これら一つ一つに、すべてテストが付いているのです。

まずは、このように細切れの、たくさんのテストが必要だろうか、と考えます。

教材を選ぶ段階では、まだ子どもたちとは対面していない場合が多いはずです。筆者のこれまでの経験からすると、春休みに選定していることが多いです。そうなると、子どもたちに会って、話してから選ぶというわけにはいきません。

それだけに、学級担任としては、ある程度、「今年はこんな学習をして楽しみたい」といった目標を

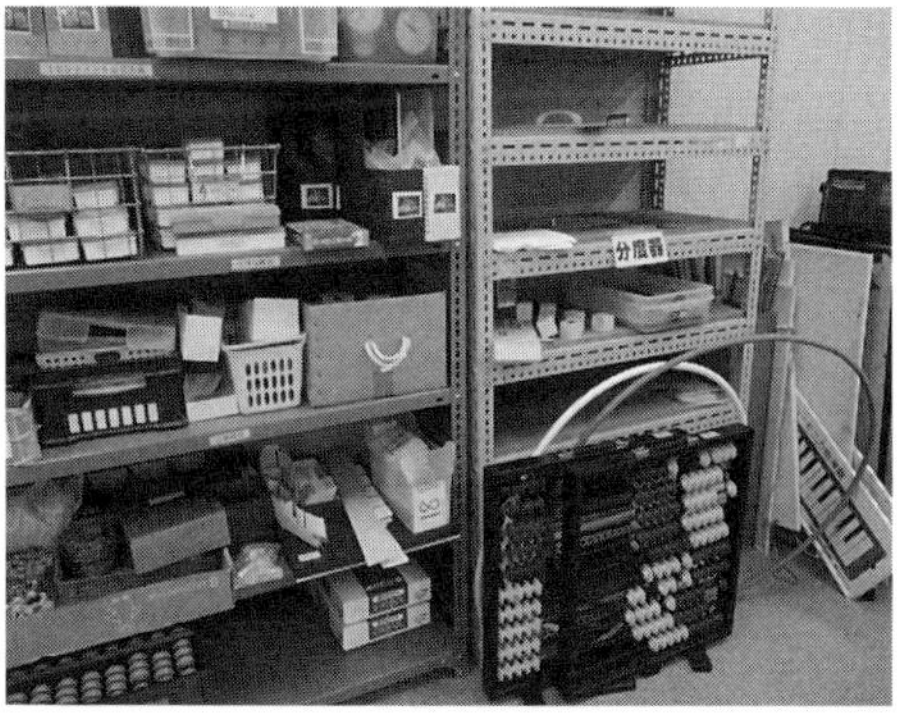

職員室にはさまざまな教材が用意されている

もっていなくてはいけません。「音読を学習の中心に置いて、声の出るクラスにしたい」とか「作文の学習に力を入れて、子どもたちの書く力を高めたい」など、クラスの実態とは別に、教員が「今年はこれにチャレンジしたい」というものがあるはずです。

もし、このような目標をもたないで子どもの指導に臨んでいる人がいるなら、一つでいいですから目標を設けてください。それだけで教材を選ぶ視点が変わりますし、授業活動も変わって楽しくなるはずです。

さて、目標が「作文の学習」になったとしましょう。そうすると、教材を選ぶ場面においても見方が変わってきます。

「今年は、テスト教材よりも作文指導をたくさんしたいから、テストは、二単元で一つのテストにまとまっているものがいいな」

「音読をたくさんして学力を上げたいから、テストは少なめがいいな。このテストとこのテストは、別の学習で学力向上を図るからいらないな……」

このように、持ち込まれたテストに対してさまざまな注文が出てくるようになります。その注文を、教材屋さんに話してみるのです。すると、「分かりました。では、三年生には、○○社から出ている国語テストの二枚を抜いたうえで送らせていただきます」などと、こちらの要望に応じて教材を送ってくれるようになります。まさに、オーダーメイドの教材となります。もちろん、増やしたい場合も同じように話します。

いずれにしろ、このような話を進められるくらい、教員が教科書をちゃんと読んで、一年間の学習の見通しを立てておきたいものです。

「古典中心の音読集はありませんか？」

筆者が、二年生を担任したときに注文した内容です。教材のなかに、「〇〇詩集」、「音読の森」というものがありました。内容を見てみると、谷川俊太郎、金子みすゞ（一九〇三〜一九三〇）などの詩がたくさん掲載されていました。もちろん、それらも素晴らしい言葉で綴られているわけですが、古典の独特なリズムに触れさせたいと考えていた筆者は、『方丈記』、『平家物語』、『論語』などが掲載されているものを探したのですが、見当たりませんでした。

これらは内容が伝わりにくく、「二年生の学習としてはどうなのか」という意見もありましたが、「日本の古典に触れる」という内容は、どの学年においても「目当て」として学習指導要領に掲載されています。ですから、低学年であっても、やり方を工夫しながら取り組んでもいいのです。だから、教材屋さんに尋ねたわけです。

「古典の、さわりだけを簡単に音読できる教材はありませんか？　たとえば、『方丈記』や『平家物語』などですが……」

　すると、見事に探してくれました。「話す・聞くスキル」という教材に、与謝蕪村（一七一六～一七八四）や百人一首などの古典、そして「寿限無《じゅげむ》」といった落語の話が掲載されていました。

　これ以外にも、音読したいものは自分でつくっています。音読教材も、ただあるものを選ぶだけではなく、教員の思いをもって設定したいものです。

　ちなみに、二年生の子どもたち、与謝蕪村の俳句や百人一首を楽しんで覚えていました。さらに、歌舞伎の演目である『白浪五人男』を音読したときには、冒頭の台詞、「しらざあ言って、きかせやしょう」を元気よく発していました。

　ただ「あるもの」を受け取るのではなく、教える側の「ねらい」に合わせて注文をすれば、思わぬ宝物が得られることもあります。教材屋さんから、「でしたら、先生、こんな教材がありますよ」と提案してくれたことも多々あります。注文をしたからこそ、つまり会話をしたからこそ得られた教材（宝物）となりました。

　そういえば、もう一つ面白い学びがありましたので、次で紹介します。

川崎市に牧場はあるのか

川崎市の小学校では、一年生か二年生を対象にして、「福田牧場」というところからさまざまな動物が来て、触れ合うといった活動をしています。来校するのは、ヤギ、ヒツジ、馬などといった少し大きな動物から、アヒル、カメ、ヒヨコなどといった小さな動物となります。普段の校庭がちょっとした動物園になります。もちろん、子どもたちもとても喜んで触れ合っています。

この福田牧場については、たびたび保護者から、「先生、触れ合い動物会ありがとうございました。うちの子ども、とても喜んでいました」といった声が届きます。そして、そのあとに、「ところで、先生、あの動物たちどこから来るのですか？」といった疑問が発せられます。市内の福田牧場から来ていることを伝えると、「川崎市内に牧場なんてあるんですか！」と、信じられない様子でした。

さて、子どもたちですが、生活科の学習の一環として触れ合っているわけですから、活動したあとにお礼の手紙などを書くことがあります。そのときのことです。一人の子どもが次のように言ってきました。

「先生、あの動物園のおじさんにお礼を言いたいんですけど、きっと遠くから来てくれているんですよね」

筆者は、川崎市内にあることを知っていましたので、「いや、遠くじゃないですよ。実は、同じ市内にある牧場から来ているですよ」と伝えると、「えー、嘘だー！」と子どもたちも驚きを隠せませんでした。

かくいう筆者も、存在だけは知っていましたが、実際に見たわけではありません。ですから、場所を調べて、訪ねてみることにしました。そうしたら、所在地が川崎市高津区となっていたのです。麻生区のような緑が多いところなら分かるのですが、高津区となっていたのです。要するに、住宅地のまっただ中です。

ホームページに電話番号が記載されていましたので、電話をしてみました。

「はい、福田牧場です。牛乳の注文ですか？」と、元気のいい声が返ってきました。

そこで、気になっていること、つまり、「こんな川崎市の住宅地の真っただ中でどうやって牧場をやっているのですか？」と尋ねました。すると、「では、訪ねてきなさい」と言われたので伺うことにしました。

夏の暑い盛り、二時間ほどの年休をとって、お土産にする冷たい飲み物を車に載せて出掛けました。住宅街のなかにありますから、車は近くのパーキングに停めざるを得ません。

そして、歩いて向かいました。すぐに、牛の鳴き声が響いてきます。それらしい動物の臭いもしてきました。そして、ついに見つけました。「福田牧場」の代表である福田努さんに、牛についての話を聞きました。

「どうやって、ここ高津区で牧場をやっているのですか？　また、エサや乳搾りはどのようにやっているのですか？」

このような、素人丸出しの質問をしてしまいました。しかし、とても丁寧に答えてくれました。

最初は、牛舎を造って乳牛を育てていたようですが、さすがにそれだけでは厳しくなって、さまざまな動物を飼う小屋を造り、動物を出張させる事業をはじめたということでした。

見学して本当に驚いたのですが、北海道や岩手県などにありそうな広々とした牧草地こそないも

福田牧場　〒213-0014　川崎市高津区新作３-20-30　TEL：044-866-5651　info@fukudafarm.jp

の の、見事な牛舎が造られていました。牛の糞を取るベルトコンベアーが整備されており、そこには二〇頭近くの乳牛がいました。

牛舎のなかは少しひんやりとしていましたが、扇風機以外の冷房設備が見当たりません。屋根にその秘密がありました。牛舎の屋根に、芝生がびっしりと生えていたのです。これが理由で、牛舎のなかの温度が高くならないのです。

再び、素人質問です。

「温度管理なら、エアコンではダメなのですか？」

「エアコンだと牛が体調を崩すし、それに電気代がかかります」

だからこその、屋根の芝生なのです。

そのほか、小動物の小屋や、家の裏にあるポニーが歩き回っているところも案内してくれました。どの小屋もとても工夫がされており、温度管理や衛生状態などが管理できるようになっているほか、動物にストレスがかからないように配慮されていました。

これらの設備、すべて福田さん自らが造られたという話にも感動しました。牛を育てるための教科書を自分でつくって、試行錯誤を繰り返しながらやってこられたのです。仕事に対する情熱だけではなく、その根底には行動力が必要なことを改めて学びました。

同じ市内に牧場を営んでいる人がいることも教えてくださいましたが、小学校に動物を

屋根に芝生が張られた牛舎

牛舎のなかにいる見事な乳牛

出張させているのは福田牧場だけだということです。

改めて言うまでもなく、福田牧場で得られたことや、撮影した写真は最高の教材（宝）となります。先ほど、「（川崎に牧場があるなんて）嘘だ！」と言った子どもたちに見せたらどんな顔をするでしょうか。ちょっと想像してみてください。必ず、次のような声が上がるでしょう。

「連れていって！」

このような状態こそ、探究学習の基本かもしれません。教員が調べて、実際に訪ねたことで得られる学習空間となります。読者のみなさんにも、職員室から出て、さまざまなところに話を聞きに行くことをおすすめしたいです。結構、楽しいものです。

ちなみに、お気付きの人もいるかもしれませんが、この「市内に牧場を探す」という実践は、筆者のオリジナルではありません。『社会科の活性化』（明治図書、一九八五年、二五一ページ）を執筆された有田和正先生（一九三五〜二〇一四）の実践から学んだものです。

有田先生は、「東京に牧場があるわけない」という子どもの発言に対して、「そんな決めつけあるものか」と言って東京中を探し回り、当時、世田谷区赤堤にあった「四谷軒牧場」を訪ね、そこで知ったことを子どもたちに伝えていました。そのことを有田先生が書かれた本で知り、授業の一環として実践したわけです。

参考までに述べておきますと、四谷軒牧場は四谷花園町に一八八七（明治二〇）年に開設されたあと杉並区井草に移転したほか、代々木初台にも牧場を開設したようです。その牧場が、一九三〇（昭和五）年に世田谷区の赤堤に移っています。

都内に最後まで残っていた四谷軒牧場ですが、一九八五（昭和六〇）年に閉鎖され、その跡地には「牛魂碑《ぎゅうこん》」が建立されています。その裏側に書かれている「四谷軒牧場由来の記」を読むと、一時期、牧場の面積は一万三〇〇〇平方メートルもあり、乳牛が一二〇頭いたと記されていました。

畜産技術における教育の場としても利用されていたようですが、急速な都市化のなか、自然を求める人びとの憩の場としても親しまれてきたとも書かれていました。現在、この地を訪れると、とてもこのあたりに牧場があ

牛魂碑（世田谷区赤堤３丁目31）　　　裏側

ったとは思えません。周りは、ビルやマンションが建ち並んでいます。でも、四〇年ほど前までは、確かに牧場があったのです。

有田先生のようにはできませんが、筆者も、このようなことを子どもたちに伝えていきたいと思っています。

地域の町会長さんと話す

小学校で仕事をしていると、地域の方々とも付き合うことになります。言うまでもなく、とても大切なつながりとなります。筆者が現在勤めている学校では、「安全パトロール」という形で、地域の方が子どもの登下校のときに見守ってくださっています。交通量が多い地域ですので、事故が起きないように安全管理に努めてくれているのです。

安全パトロール

子どものことですから、登校時に追いかけっこをしながら来たり、忘れ物を思い出して取りに帰ろうとするなど、いろいろな行動をとってしまうものです。取りに帰ろうとする子どもに対して、「帰るのはやめて、学校に行ったら」とか「行ってから、先生に相談すれば大丈夫」などの声かけをしていただいています。

このような活動、とても助かっています。教員がこれをやろうとしたら大変です。そこで、この見守りをまとめている町会長さんから話を聞くことにしました。もちろん、感謝の意味を込めて、です。

とても熱心な方で、地域のためにさまざまなことをされていました。夕方の防犯パトロール、月に一度の町会会館での集まり、町会主催の「餅つき大会」などです。

話をしているうちに、町会会館にある防災設備の話になりました。

「池畠さんには見せていないけど、この地域の人たちが協力して、防災ポスターや防災グッズを集めているんですよ」

途端に、目が輝きました。「できれば、それ、少し見せていただけませんか」とお願いすると、快諾してくれました。

倉庫には、発電機、簡易設置トイレ、散水機などの設備や備品がきれいに収納されていました。さらに驚いたのは井戸です。保健所の許可を得ており、飲用として使えるものなのです。これならば、地震などで水道管が壊れても飲料水の確保ができます。

「試しに飲んでみますか」とすすめられて一杯いただくと、水道水とは少し違った味わいでした。そのとき、頭をかすめたのが、「これを、子どもたちに見せてあげたい」ということです。社会科の学習には「防災」という単元があります。それを思い出したのです。

通常、これほどの設備を間近で見ることはできません。でも、学校の近くにある町会会館に収納されているのです。このようなチャンス、逃すのはもったいないので、見学のお願いをしてみました。

「ぜひ、子どもたちにも地域防災を知っていただきたい。それに、地域の子どもはみんなの子ども。これがお役に立つなら、ぜひ」と、快諾をいただきました。

飲用の井戸

町会会館にある防災設備（移動式の発電機）

日程を調整して、後日、勤務校に通う子どもたち一八〇名が防災倉庫を見学することになりました。当日になってびっくりしたのは、ただ単に防災倉庫や井戸を見るだけにとどまらなかったことです。

町会長さんがいろいろな人に声をかけてくださったおかげで、消防団長が話をしてくれたほか、「実際にここが避難所になったときには、こういうものを使うんですよ」と言いながら、子どもたちの前にさまざまな道具を広げて説明をしてくれたり、会館の中から防火服を出してきて、希望する子どもに試着までさせてくれたのです。

さらに、散水車のホースを伸ばして、「実際には、こうして消化活動をします」と言いながら消防団の人が動き出すと、多くの子どもたちから歓声が上がりました。

このような、消防団や自治会の活動を間近で見られる機会が少なくなりました。防火服やそのほかの設備を消防署で見学することはよくあるでしょうが、地域にも同じような設備があるのです。子どもたちが驚く以上に、教員にとっても大きな学びとなります。まさに、防災における「自助（自らの力で防災する）」、「共助（地域で助け合っての防災）」、「公助（公の力での防災）」の学習となります。

いかがですか、地域の方々との話も大切だと思いませんか。近頃は、退勤したときに地域の方とすれ違っても、挨拶すらできない教員がいるとも聞きます。とても悲しいことです。仕事が終わったら、すぐにプライベートとなるのでしょうか？　出勤時や退勤時に挨拶くらいはできるでしょう。人と楽しく話をする人生と、話をせずに自らの殻に閉じこもってしまう人生、あなたはどちらを選びますか？

みなさんも、どんどん地域の方々とコミュニケーションをとってください。そして、楽しい教員人生を歩んでください。

駅員さんやコンビニの店員さんと話す

都市部で教員をやっていると、電車やバスで通勤することになります。その際、駅員さんと話をしていますか？

毎日利用する駅です。朝が辛いときもあるでしょうが、少し顔を上げてみてください。駅員さんが、今日もしっかりと私たちの通勤を見守ってくれているのです。駅員さんですから、止まって立ち話をすることはできません。言うまでもなく、相手にも迷惑です。しかし、改札口を通るときに、ひと言「おはようございます」と言い、帰りには「お疲れさま」ぐらいは言いたいものです。

偉そうなことを書きましたが、昔から挨拶をしていたわけではありません。ある言葉を耳したことがきっかけとなりました。

教員をはじめて五、六年が経ったころのことです。毎日、帰るときに「お疲れさまです」と声をかけている若い駅員さんがいたのです。その声を聞いているのかいないのか、みんな顔すら見ずに通りすぎていました。それでも、通る人に向かってその駅員さんは、毎日「お疲れさまでした」と、夕陽が差し込む駅で言い続けていたのです。

若い人でしたので、ひょっとしたら研修だったかもしれません。いや、上司に命じられていたのかもしれませんし、ご自身の考えでやられていたのかもしれません。その真意は分かりませんが、見ず知らずの人にねぎらいの言葉をかけ続ける駅員さん、筆者には立派な姿に映りました。

何かできることはないかと思った筆者は、通るたびに「いつもありがとうございます」とひと言返すようにしました。初めて言ったときにはきょとんとされていましたが、次の日からは、通るたびに目が合うようになりました。このようなマニュアル的な挨拶でも、ちょっとした意思疎通が可能になったのです。

サッカーの選手じゃありませんが、街のなかでもアイコンタクトは重要なコミュニケーションとなります。これだけで、お互いの確認ができるのです。「歩きスマホ」をされている人には絶対に無理、となるコミュニケーションのとり方です。もっとも、最近は、都市部にある電車の改札口では自動改札機が導入されており、駅員さんを見かける日がぐっと少なくなっているので、ちょっと寂しい感じがします。

所変わって、コンビニエンスストアーに行きましょう。ここの店員さんにも話しかけています。

初任者のころ、帰りのバス停のすぐ前にコンビニがありました。疲れた体を引きずってバスを待つときなど、ついついここに寄りました。このコンビニは、老夫婦が営んでいました。何度か寄っているうちに、コーヒーを買うたびに「今日もお疲れさまね」と、奥様のほうが声をかけてくれるようになりました。思わず筆者は、「この地域でお世話になっている、〇〇小学校の者です。よろしくお願いします」と返してしまいました。

それからというもの、帰るときにはよく話をするようになりました。毎日のように寄りはじめると、不思議なものです。ご主人がいらっしゃらない、奥様がいらっしゃらないとなると、気になるのです。無意識に、「あれ、今日はご主人、どうされたのですか?」と尋ねてしまうこともありました。

「今日は出張がありましてね……」などと聞くと、「お忙しいのですね」と言いながら、怪我や病気じゃなくてよかったと、少しホッとしていました。

逆に、筆者が風邪などを引いてマスク姿で行くと、「大丈夫ですか？　近頃流行っていますからね」と声をかけてくれました。このひと言が聞きたくて、このコンビニに寄っていたように思います。「ねぎらい」と「感謝」、人が生活をするうえにおいては、絶対に忘れてはいけないことです。

普段、よく利用する駅やお店、そこにいるのは「人」です。「向こう三軒両隣」という言葉もあります。お互いに助け合うことで、その地域において安心して生活ができるという古きよき時代における考え方（共助）ですが、現代でも決しておろそかにはできない生活文化の一つだと思います。

現代においては、落語で演じられる長屋のような付き合いは難しいと思いますが、お互いが無味乾燥に過ごすよりは、少しでも会話があったほうがいいと思いませんか。できる範囲で、みなさんも実践してみませんか。

エピローグ

今回のテーマに関しては、自分でも笑ってしまうぐらい「何で私が書くんだろう」と思ってしまいました。それくらい、人と話すことが得意ではありませんし、筆者をよく知っている同僚から、「池畠さんが、よく言うよねえ」といった皮肉を言われるのではないかと思っていますが、それに関しては同感です。

処世術ゼロ、人とのコミュニケーション能力があまりない筆者。どれくらい処世術がゼロかというと、職員会議の場面でのことです。

運動会の提案が出されました。その提案に目を通してみると、一つ二つ修正したほうがいいと思われる箇所を見つけました。へそ曲がりな私、こういうところを見つけるのは得意です。そして、会議が終盤に差し掛かっているときに、それを提示したのです。

一般的に、こういう場面での発言では提案者の苦労を配慮するものですが、ストレートに言ってしまいました。当然、提案者は困惑しますし、みんなが困ります。

「もう決まりかけているんだからいいじゃないか」とか「去年と同じなんだから」といった、怨嗟《えんさ》の声が響きわたりました。しかし、「去年と同じ」というのが大嫌いな筆者、何かを変えたいと思ってしまったのです。提案した人は、苦虫を潰したような顔をしていました。

そして、次の日、提案者に話しかけたのですが、当然のことながら会話が続きません。前日に難癖をつけてきた相手に、愛想よく接する人はいないでしょう。このときは、ちょっとした孤立感を味わってしまった、という経験です。

こんな人間でも、職場では楽しく過ごしたいと思っていました。だからこそ、「どうやって話しかけたらいい顔をされるかなー」とか「どうやったら楽しく会話ができるかな」と、常に考えていました。自然な形でスムーズな会話ができる人ならいいのでしょうが、なかなかできないものです。周りを見わたしても、そのような人はあまりいません。だから、みなさんから学ばせていただくことにしたわけです。

しかし、困ったこともあります。何が困ったかというと、丁寧に話しかけたのに、「いや、ちょっとあとにして」と断られたり、こちらの声が聞こえているのか、聞こえていないのかが分からないような反応をされ、まるで独り言を言っているような感じがしたこともあります。そのときの虚しさ……言葉にするのが難しいです。

コミュニケーションを苦手としている人であれば、このような経験をしていることでしょう。そうすると、ますます自分の殻に閉じこもってしまうことになります。しかし、よく考えてください。子どもに教えるという仕事をしている教員が、このような状態になってもいいのでしょうか。いいわけがありません。

本書で記したことは、筆者自身がズタズタになり、ボロボロになりながらつかんできたことです。現在では、「チーム学校」と言われるように、学校運営を考える場合には教職員が協議して進めていく必要があります。言うまでもなく、コミュニケーション能力が問われることになります。

ここまで読んでくださったみなさんにはお分かりかと思いますが、人と話をするというのは諸刃の剣なのです。こちらの言葉が足りなかったり、少し言葉が荒かったりするとやはりうまく伝わりません。私もしょっちゅう、「池畠さん、それは分かるけど、もう少し言葉を優しくね」とたしなめられています。そのたびに、「あちゃー、やっちゃったー」と反省しています。

でも、失敗をしながら体得していくものだと思っています。大いなる痛手を被ると、次の対応が違ってくるものです。ですから、「痛手を被ったから人と話すのをやめよう。私には向いていないんだ」などと絶対に思わないでください。

人と話さないですむ職場なんてないのです。少なくとも、教育の現場ではありえません。一人で教室にこもって、独自の教育方法や教育理論を生み出したからといって、それがいったい何になるのでしょうか。

思い出してください。教師という職業を目指したときのことです。子どもたちを含む、さまざまな人に話をしたくてこの職業を選びませんでしたか。笑顔の子どもたちに会いたくてこの職業を選び、初日を迎える前夜、「明日は何を話そうか」と考えながら眠りに就いたはずです。そして、教壇に立ったときのうれしさ……。

誰しも、こんな時期があったはずです。すべての教師に思い出していただきたいとともに、職業として教師を目指す人には、一日でも早く、本書で紹介したような経験をしてほしいと思っています。筆者にとっては、これらがコミュニケーションの原点となっています。

とはいえ、学校という空間は本当に社会とのかかわりが少ないところです。取引先もなければ、お得意さんもいません。先にも述べましたが、結婚をするとき、かんぽ保険の仕事をしていた義父に言われたのが次の言葉です。

「悪く言うと、一番保険に入れやすいのが学校の先生」

保険というものに対して、教員である我々は「無知」だということらしいです。もちろん、きちんと勉強をされて、さまざまな知識をおもちの人もいるとは思いますが……。世間のことに無頓着ではいけないと考え、新聞やネット情報、本や雑誌などを読まれてさまざまな情報を入手している人もいるでしょうが、周りを見ていると、多くの人がそうではないようです。なぜなら、それだけ教育現場が多忙だからです。

学年会計、教材研究、児童情報の管理、研究授業、児童支援の対応、挙げ出したらキリがありません。それらをチームで運営しようとしますから、そのための会議が毎週のように行われています。会議を行うにあたっては、みんなで共有するために文書の作成が必須となります。場合によっては、保護者に協力を求めることにもなりますので、保護者に提出する文書の作成もしなければなりません。

このようなことを処理して帰ってくると、疲労困憊、社会の情報に目を通すどころではないでしょう。私も、時々叫びたくなります。

「学校は何でも屋ではありません！」と。

でも、愚痴を言ったところで何も変わりません。だからこそ、コミュニケーションを大事にして、一部の人だけで業務をこなすのではなく、みんなで行っていきたいのです。コミュニケーションには、そういった力があるのです。

本書のお話をいただいたとき、「近頃、教職課程をとっている学生であるにもかかわらず、教職を目指さない人が多くなっている」と聞きました。なぜそんなことになってしまったのかと調べると、「職場でのコミュニケーションが取れない（取りたくない）からだ」ということです。思わず、「なるほど」と思ってしまいました。

でも、多くの失敗を繰り返してきた筆者ですら十数年にわたって続いていますし、二〇二四年度からは学年主任という大役（？）を仰せつかっています。何と言っても、教師という仕事は楽しいのです。上司と肌が合わないということもあるでしょうし、保護者から文句を言われることもあるでしょう。そして授業中、子どもにやり込められることもありますが、やはり楽しいのです。

なぜなら、さまざまな世代の人と日々接することになり、それが自分の成長につながるからです。このような空間、あるようでないものです。

要は、意識のもち方です。「対話（コミュニケーション）」というものの凄さを素朴に考えて認識さえすれば、「教師の楽しさ」が分かるはずです。さまざまな人とかかわれる教師という仕事を、ぜひ目指していただきたいです。新しい考え方や感性が学校という空間にもち込まれ、対話を繰り返すことで、現在の状態が一新されると思っています。

こんなことを考えながら本書を書いてきたわけですが、教育現場におけるコミュニケーションの大切さとその楽しさが少しでもみなさんに伝わり、多くの方々に「教師って面白い」と思っていただけたら幸いです。

前著に続き、原稿を書かせてくださった株式会社新評論の武市一幸さんに感謝申し上げます。本当にありがとうございました。お話をさせていただくたびに「目から鱗」状態となりますが、それらについて勉強をしながら書かせていただきました。そのおかげでしょう、また新しい世界が見えてきました。

そして、私の執筆を許可してくださった本校校長の飯塚正行先生、学年の先生のみなさん、ありがとうございました。まさに、チームプレイを実感した期間となりました。

最後に、家事を分担しながら執筆の時間を提供してくれた家族のみんなにも感謝します。みんな、ありがとう！

二〇二四年八月三一日　雨降る我が家にて

池畠彰之

参考文献一覧

・阿川佐和子『聞く力──心をひらく35のヒント』文藝春秋、二〇一二年
・阿川佐和子『話す力──心をつかむ44のヒント』文藝春秋、二〇二三年
・あみたろう『それでも先生を続ける理由──「先生」に迷っているあなたへ』東洋館出版社、二〇二三年
・有田和正『社会科の活性化』（教育新書8）明治図書、一九八六年
・有田和正『社会科発問の定石化』（授業への挑戦22）明治図書、一九八八年
・有田和正『有田和正の授業力アップ入門──授業がうまくなる十二章』（若い教師に贈るこの一冊1）明治図書、二〇〇五年
・有馬心一朗『ざんねんな先生──教育界初！「非常識な現場」を大告白』新評論、二〇二二年
・有馬心一朗『ざんねんな教育環境──現職教師が語る「学力格差」の実態』新評論、二〇二二年
・有馬心一朗『ざんねんな読書指導──スマホから「子どもの人生」を守った物語』新評論、二〇二三年
・磯村元信『さらば学力神話──ぼうず校長のシン教育改革』新評論、二〇二三年
・今井むつみ・秋田喜美『言語の本質──ことばはどう生まれ、進化したか』中公新書、二〇二三年
・木暮太一『すごい言語化──「伝わる言葉」が一瞬でみつかる方法』ダイヤモンド社、二〇二三年

・木暮太一『わかりやすく伝える――言葉が武器になる時代の「伝える技術」』WAVE出版、二〇二四年
・島田紳助『自己プロデュース力』ヨシモトブックス、二〇〇九年
・全国算数授業研究会『対話的な算数授業に変える教師の言語活動』（算数授業研究シリーズ28）、東洋館出版社、二〇一九年
・太宰治『走れメロス』新潮文庫、一九六七年
・野中信行『必ずクラスを立て直す教師の回復術！』学陽書房、二〇一二年
・野村克也『野村主義』小学館、二〇〇九年
・前田健志・土居佑治『教師を楽しみ直す――教職生活に悩んでいる先生たちへ』学事出版、二〇二二年
・三好真史『教師のコミュニケーション大全』東洋館出版社、二〇二一年
・向山洋一『跳び箱は誰でも跳ばせられる』（教師修業1）明治図書、一九八二年

著者紹介

池畠　彰之（いけはた・あきゆき）

1981年、川崎市生まれ。小さい頃から映画監督に憧れていたが、高校生のときに映画『学校』（山田洋次監督、1993年、松竹株式会社）を観て、教師を志す。

2004年４月より、川崎市で小学校教師をはじめる。理想と現実の違いに挟まれて数々の失敗を経験。でも、ある年の３学期の終わりに「先生ありがとう」と言われ、20年間教職を続けている。

教師という仕事をしながら、論語教室、復興支援ボランティア、学童野球にかかわり、人間関係の大切さを痛感している。

現在、赴任４校目。

著書に、『教師の皿洗い――小学校教師としての生き方』（新評論、2024年）がある。

教師の社会性
――「世間知らず」と言われないために――

2024年10月15日　初版第１刷発行

著　者　池　畠　彰　之
発行者　武　市　一　幸

発行所　株式会社　新　評　論

〒169-0051
東京都新宿区西早稲田３-16-28
http://www.shinhyoron.co.jp

電話　03(3202)7391
FAX　03(3202)5832
振替・00160-1-113487

落丁・乱丁はお取り替えします。

定価はカバーに表示してあります。

印　刷　フォレスト
製　本　中永製本所
装　丁　山田英春

Printed in Japan
ISBN978-4-7948-1274-2